“十二五”辽宁省重点图书出版规划项目

第17辑

三友会计论丛

SUNYO ACADEMIC SERIES IN ACCOUNTING

Government Accounting System Construction Research Based on Performance Management

基于绩效管理的政府会计体系构建研究

胡景涛 著

东北财经大学出版社
Dongbei University of Finance & Economics Press
大连

图书在版编目（CIP）数据

基于绩效管理的政府会计体系构建研究 / 胡景涛著. —大连：东北财经大学出版社，2019.5
（三友会计论丛·第17辑）
ISBN 978-7-5654-3519-5

Ⅰ. 基… Ⅱ. 胡… Ⅲ. 预算会计-研究-中国 Ⅳ. F812.3

中国版本图书馆CIP数据核字（2019）第086042号

东北财经大学出版社出版
(大连市黑石礁尖山街217号 邮政编码 116025)
网 址：http://www.dufep.cn
读者信箱：dufep@dufe.edu.cn
大连永盛印业有限公司印刷 东北财经大学出版社发行

幅面尺寸：170mm×240mm 字数：193千字 印张：13.25 插页：1
2019年5月第1版 2019年5月第1次印刷

责任编辑：王 莹 郭海雷 田玉海 责任校对：王 娟
封面设计：冀贵收 版式设计：钟福建

定价：45.00元

教学支持 售后服务 联系电话：(0411) 84710309

如有印装质量问题，请联系营销部：(0411) 84710711

出版者的话

随着我国以社会主义市场经济体制为取向的会计改革与发展的不断深入，会计基础理论研究的薄弱和滞后已经产生了越来越明显的“瓶颈”效应。这对于广大会计研究人员而言，既是严峻的挑战，又是难得的机遇。说它是“挑战”，主要是强调相关理论研究的紧迫性和艰巨性，因为许多实践问题急需相应的理论指导，而这些实践和理论在我国又都是新生的，没有现成的经验和理论可资借鉴；说它是“机遇”，主要是强调在经济体制转轨的特定时期，往往最有可能出现“百花齐放，百家争鸣”的昌明景象，步入“名家辈出，名作纷呈”的理论研究繁荣期和活跃期。

迎接“挑战”，抓住“机遇”，是每一个中国会计改革与发展的参与者和支持者义不容辞的责任。为此，我们与中国会计学会财务成本分会、东北财经大学会计学院联合创办了一个非营利的学术研究机构——三友会计研究所，力求实现学术团体、教学单位、出版机构三方的优势互补，密切联系老、中、青三代会计工作者，发挥理论界、实务界、教育界的积极性，致力于会计、财务、审计三个领域的科学研究和专业服务，以期为我国的会计改革与发展做出应有的贡献。

三友会计研究所的重大行动之一就是设立了“三友会计著作基金”，用于资助出版“三友会计论丛”。它旨在荟萃名人力作及新人佳作，传播会计、财务、审计研究与实践的最新成果与动态。“三友会计论丛”于1996年推出第一批著作；自1997年起，本论丛定期遴选并分辑推出。

采取这种多方联合、协同运作的方法，如此大规模地遴选、出版会计著作，在国内尚属首次，其艰难程度不言而喻。为此，我们殷切地希望广大会计界同仁给予热情支持和扶助，无论作为作者、读者，还是作为评论者、建议者，您的付出都将激励我们把“三友会计论丛”的出版工作坚持下去，越做越好！

东北财经大学出版社

前言

综观我国预算会计、民间非营利组织会计和企业会计构成的会计领域的改革，我国在民间非营利组织会计和企业会计领域都取得了巨大成功。2004年我国财政部发布了《民间非营利组织会计制度》，率先单独就民间非营利组织制定会计规范，这在国际上处于领先地位。随后，2006年财政部又发布了全新的企业会计准则体系，实现了与国际会计准则的趋同，得到了国际上的广泛认同。近年来，针对我国会计领域的改革，无论是政府管理部门还是理论界、实务界的专家、学者，都将目光投向了政府会计。我国政府会计迎来了改革的黄金时期。2017年10月24日，为了适应权责发生制政府综合财务报告制度改革需要，财政部正式发布了《政府会计制度——行政事业单位会计科目和报表》（以下简称新《政府会计制度》），要求自2019年1月1日起施行，标志着并行以权责发生制为基础的财务会计和以收付实现制为基础的预算会计进入具体实施阶段。2014年，国务院在《权责发生制政府综合财务报告制度改革方案》实施步骤中提到在2018年至2020年研究推行政府成本会计。未来我国将建立怎样的政府会计体系，笔者在认真审视我国政府会计现状的基础上，结合对政府会计相关理论的深入研究，提出了基于绩效管理目的构建我国政府会计体系的设想。

就我国原有的预算会计体系制定背景

来看，其主要目的是满足政府预算管理的需要。而目前随着国际、国内经济环境和社会环境的变化，我国政府的职能发生了改变，政府由管理型转向服务型，受此影响，传统的政府行政管理也转向了政府绩效管理。政府会计作为绩效管理的重要信息来源，显然，原有的预算会计体系已不能满足需要，必须对此进行改革。如何构建新的政府会计体系，这需要从政府的受托责任角度来分析。政府所承担的受托责任按照信息使用者的需求不同可以分为合规受托责任、财务受托责任和绩效受托责任。我国即将实行的新《政府会计制度》体现了对政府合规受托责任和财务受托责任履行情况的反映。而对于实施政府绩效管理而言，所需要的会计信息还要包括绩效信息的全面披露。因而，新的政府会计体系要对政府绩效受托责任也能进行反映，这就需要在新《政府会计制度》实施的基础上，不断探索如何梳理政府预算会计和财务会计的关系，同时研究建立我国的政府成本会计。因此，笔者认为，我国政府会计改革的核心就是以绩效管理为导向构建由预算会计、财务会计和成本会计为主要内容的政府会计体系。

在探讨我国政府会计体系构建过程中，西方各国在政府会计改革方面的经验非常值得我国借鉴。国外的政府会计改革始于20世纪80年代。伴随着新公共管理运动，世界各国纷纷进行了以改革政府会计核算基础为主线的政府会计改革。改革基本可以分为美国模式、英国模式和德法模式三大类。以美国为代表的美国模式政府会计在很多方面独立于预算；以英国为代表的英国模式政府会计则已经基本上摆脱了传统的预算。政府包括预算在内的所有活动都采用了权责发生制基础；以德国和法国为代表的德法模式的政府会计实际上只能算是预算体系的附属物，其核算基础仍然是收付实现制，行政控制是政府会计的主要目标。各国政府会计改革经验对我国构建新的政府会计体系有很多启示。首先，在改革方式上，各国实际情况不同决定了政府会计改革方式也有所不同，主要有“一步到位式”和“渐进式”两种方式。两种方式各有利弊，也各有适用的情形，我国应在这方面慎重选择。其次，在处理预算和政府会计的关系上，我国也应借鉴其他国家的做法，注重协调二者的关系。最后，在改革的实施环境上，我们需要清楚地认识到，只有在公共管理改革的整体氛围中，辅之以各相关制度的配合，政府会计改革才能取得成功。

前 言

在认真总结世界各国政府会计改革经验的基础上，本书着重探讨了政府会计的理论体系、核算体系和报告体系的构建问题。在政府会计的理论体系的研究中，重点从政府会计的目标、主体、核算基础和会计要素内涵的界定四个方面进行了探讨。显然，为满足政府绩效管理的需要，政府会计的目标、主体、核算基础和会计要素都会较原有的预算会计体系发生显著的改变。

在我国政府会计改革目标定位的问题上，本书围绕政府会计“向谁提供会计信息”“提供什么样的会计信息”以及“提供这些会计信息要达到什么目的”这三个问题展开分析。从会计信息使用者的构成来看，我国政府会计信息使用者越来越多样化，涉及范围也越来越广泛；我国政府会计信息使用者对会计信息需求相当广泛，主要体现在从过去主要对预算执行信息的需求转向对公共服务成本、公共绩效管理和财政可持续性等财务信息的需求；从使用政府会计信息的目的来看，不同使用者会持有各不相同的目的。通过对这些问题进行分析，笔者将我国的政府会计目标划分为基本目标和具体目标两个层次。其中，基本目标被界定为反映政府公共受托责任履行情况，而对于具体目标则从预算管理目标和财务成本管理目标两方面进行界定。在会计目标实现的次序上，笔者认为不能操之过急，而应该渐进式发展，在合规受托责任的目标实现的基础上，逐步实现财务受托责任的目标，进而向更高层次发展，即向绩效受托责任目标的实现而努力。

为了全面反映受托责任的履行情况，笔者认为，我国政府会计主体的界定可以借鉴西方国家的做法，采用“组织主体”和“基金主体”的“双主体模式”。政府会计的组织主体又可以具体区分为核算主体与报告主体。其中，政府会计核算主体可以大致包括行政单位、事业单位（指主要接受国家预算拨款的事业单位）、政府性基金。报告主体主要包括各级政府以及使用公共资源的相关单位（主要指行政单位和接受预算拨款的事业单位）。从报告形式上看，政府会计核算主体又可以具体分为单个报告主体与合并报告主体这两个不同层面。尤其是合并报告主体的界定上，关键问题在于确定报告主体应当由哪些个体构成，将这些个体纳入合并范围的基础和依据是什么。对于基金会计主体的确定，可以借鉴美国政府基金会计的合理内核，对个别项目的核算采用基金会计形式，编制基金财务报告。

政府会计核算基础的选择一直是世界各国政府会计改革的核心问题。本书全面分析了会计核算基础的类型，并重点对收付实现制和权责发生制的优缺点进行了评价。在此基础之上，笔者认为，为适应我国新的政府会计体系的构建，应建立收付实现制与权责发生制并行的“双轨制”会计核算基础。具体来说，以预算管理为目标的政府预算会计系统采用收付实现制基础进行核算，以财务成本管理为目标的政府财务会计、成本会计系统，则需要引入权责发生制基础进行核算。

基于绩效管理构建我国的政府会计体系，合理确定会计要素的构成及定义是其中非常重要的基础性工作。本书着重比较了各国际组织对政府会计要素的界定，认为我国政府的资产应尽可能确认现有的金融资产和非金融资产；负债方面既要包括显性负债也要包括隐性负债，其中，隐性负债则考虑披露成本和绩效评价的需求，采用适当方式在表内或表外确认或披露；对于净资产，若要使其客观反映政府履行责任的持续能力，关键要注意政府资产与负债确认的合理性与对称性；收入方面需要根据新的政府收支分类的要求全面反映政府的收入来源；支出要素则应全面反映政府资源的总耗费，包括政府所有的付现成本和非付现成本。

在构建我国政府会计理论体系的基础上，本书从会计实务角度进一步探讨了政府会计核算体系的构建问题。笔者根据政府会计的不同职能结合对政府会计目标的分析，将政府会计核算体系划分为预算会计、政府财务会计和政府成本会计三部分。尤其是对预算会计、财务会计和成本会计在新的政府会计体系中如何协调，以及如何面对信息量激增的巨大压力的问题，笔者提出以政府内部控制作为基础，开发出易于操作的信息系统，将多维度的海量信息全部囊括进去，有效地连接理论研究和实务操作，真正把政府三维度的会计信息处理需求落到实处，这不失为解决这一实践难题的可行途径。此外，笔者还针对政府成本会计，就建立成本会计的意义、成本会计的核算范围和核算方法等进行了具体而深入的探讨。

政府财务报告作为政府会计的最终产品，决定着能否为政府绩效管理提供有力的数据支撑。本书认真分析了目前我国政府财务报告系统存在的问题，进而对新的政府财务报告体系的构成内容进行了具体设计。笔者认为，我国政府财务报告体系适于采用双重报告模型，即分别从政府组织层面和基金层面进行报告。从财务报告的披露方式看，我国的政府财务报告应由财务报表和其他财务报告组成。其中，财务报表又分为基本财务报表、财务报表附注和财务报表附表三部分。对于财务报告各部分包含的具体内容，笔者以列表的形式做出了具体的阐述。此外，笔者还对构建我国政府财务报告体系的有效途径进行了较为深入的分析，指出内部控制对于构建我国政府财务报告体系的重要影响，并具体分析了可行的基于政府会计信息披露需求加强内部控制的改进思路。

综上所述，本书以政府会计相关理论的分析为基础，通过对国外政府会计改革经验的借鉴，着重从政府会计理论体系、核算体系和财务报告体系三个方面探讨了以绩效管理为导向的我国政府会计体系的构建问题，以期对我国如火如荼的政府会计改革实践有所裨益。

作　者

2019年3月

目录

第 1 章
引　言

1.1 问题提出

2000 年我国财政部启动了“中国政府预算会计制度改革研究”课题项目，重点研究政府会计核算基础的改革问题。这标志着我国新一轮政府会计改革的开始。一直以来，我国并没有真正意义上的政府会计，所谓的政府会计是建立在收付实现制基础上的预算会计体系。在世界发展瞬息万变的今天，这套体系逐渐暴露出与经济发展不适应的问题。“反映资金运动”本来是会计最重要的职能，但现行的预算会计体系却无法全面、完整地反映政府的资金运动全貌；同时，由于现行预算会计的核算范围过窄，重点放在财政收支的核算方面，导致会计信息披露不充分，不能满足内部及外部的政府会计信息使用者的要求。出于对这些问题的深入思考，诸如“选择权责发生制会计基础”“采用基金会计模式”“建立政府会计准则体系”“推行政府成本会计”“尝试应用政府管理会计”等具有创新精神的研究领域被会计学术界逐一开辟，并经过广泛而卓有成效的研究形成了许多有见地的改革建议。

究竟该如何建立我国的政府会计体系方能满足公共财政体制改革所提出的新要求，才能担起为社会各方提供所需政府会计信息的重任？首先必须明确改革的方向定位，在确定大方向的前提下，才能在其指引下，把握改革的脉络，合理安排各项改革议题，分清主次、先后，分步骤建立全方位反映政府的经济资源、现时义务和业务活动的政府会计体系。就像Cavalluzzo和Christopher指出的那样，“政府绩效评价已经越来越广泛地被各国政府（部门）所关注，成为促进政府（部门）履行公共受托责任、进行决策并实现组织目标的有力工具”①。

如何提升政府支出管理绩效，提高财政支出透明度，反映和防范财政风险，向财政科学化、精细化管理提供必要的会计信息，已成为当前我国政府会计改革需要解决的一系列问题。

1.1.1 我国政府会计的概念界定

纵观我国的政府会计发展历程，可以清晰地看出我国政府会计概念的演进过程。我国最早的预算会计体系是依据财政部于1997年最终修订并颁布的《财政总预算会计制度》、《行政单位会计制度》和《事业单位会计制度》等一系列预算会计改革的文件形成的。该预算会计体系于1998年1月1日起全面实行，历经十几载，对我国政府会计的发展影响极为深远。预算会计规范体系和财务报告体系如图1-1所示。

我国的预算会计体系与国家政权结构和行政区域划分相一致。其中，财政总预算会计，是各级政府财政部门核算、反映、监督政府预算执行以及各项财政性资金活动的专业会计；行政单位会计是反映和监督我国各级政府行政机关以及实行行政财务管理的其他机关、组织预算执行情况及其结果的专业会计；事业单位会计是以事业单位实际发生的各项业务活动为对象，记录、反映和监督事业单位预算执行过程和结果的专业会计。此外，由于预算资金的收纳、入库、划分、报解等并不是由财政部门直接完成的，而是分别由国库、税收征管等部门进行的，因而，中国人民银行在办理国库业务过程中设立的国库会计、中国银行在办理基建拨贷款过程中设立的基本建设拨贷款会计，以及税务部门在办理税款征解过程中设立的税收会计也都是预算会计的有机组成部分。

① Ken S Cavalluzzo, Christopher D Ittner. Implementing performance measurement innovations, evidence from government[J]. Accounting, Organizations and Society, 2004, 29(3/4): 243-267.

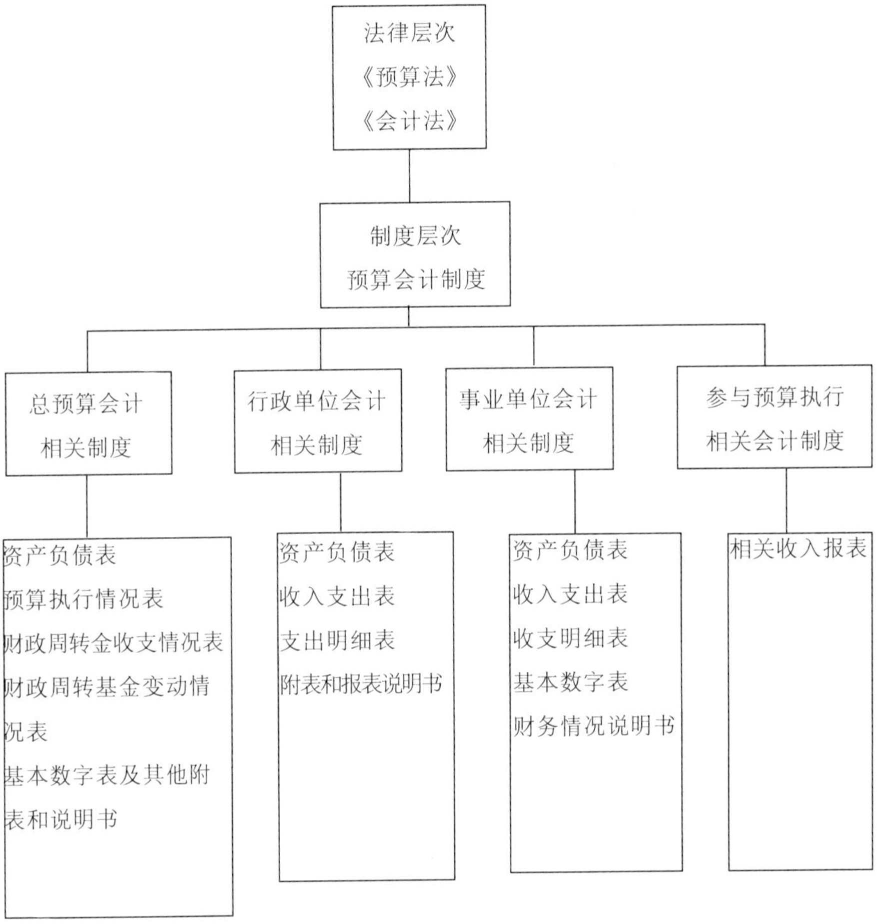

图1-1　预算会计规范体系和财务报告体系

我国当年执行的这套预算会计体系实质上并不是真正意义上的政府会计，它只能算是政府会计系统中负责预算执行的那部分组成内容。与预算会计相对应的概念应是同属政府会计范畴的财务会计、成本会计、管理会计等。而真正意义上的政府会计应能全面反映政府经济资源、现时义务和业务活动全貌，是有别于企业会计、非营利组织会计等以组织主体的不同划分的会计类别，涵盖内容相当广泛。

至于政府会计，从组织角度确定的构成内容来看，学术界对这个问题有过较多的争论。对于这个问题的分析首先要从我国的社会组织类型入手。我国社会各类型组织基本可以分为政府、非营利组织和企业三部分。

如果将这些组织按照是否以营利为目的，又可以划分为营利组织和广义非营利组织。其中，政府和非营利组织属于广义非营利组织，均具有“非营利”“公益性”特点。依从国外对这些组织的称谓，非营利组织依据资金来源的不同又分为公立非营利组织和私立非营利组织。对应我国的情况，公立非营利组织在我国主要是指事业单位，私立非营利组织主要是指我国的民间非营利组织。

学者基于组织角度进行的政府会计构成内容的争论焦点，主要集中于在对会计领域进行划分时，原有预算会计体系中事业单位会计和民间非营利组织会计的归属问题。主要观点如下：第一种观点认为，应将财政总预算会计和行政单位会计合并构成政府会计体系，其余会计领域划归并为企业会计。第二种观点认为，我国会计体系由企业会计和预算会计组成。其中，预算会计由财政总预算会计、行政单位会计以及已纳入预算管理的事业单位会计构成，而对于未纳入预算管理的事业单位会计则可以归并入企业会计。第三种观点赞成由政府会计、非营利组织会计及企业会计形成的“三足鼎立”式的会计领域划分方式。其中，政府会计主要指财政总预算会计和行政单位会计，非营利组织会计中既包括公立的，也包括私立的，除此之外界定为企业会计。第四种观点尽管也倾向于将其划分为三部分，但构成内容与上述观点不同。三部分内容分别是：企业会计、政府会计、民间非营利组织会计。其中，主要依靠财政拨款并纳入预算管理的国有事业单位会计应纳入政府会计范畴，而非国有事业单位则纳入民间非营利组织会计范畴。

笔者认为，对于这个问题的分析应本着“实质重于形式”的原则，根据各类型组织经济资源的主要来源判断其归属。其中，主要依靠财政拨款并纳入国家预算管理的组织的会计应纳入政府会计范畴，这主要包括我国预算会计体系中的财政总预算会计、行政单位会计和事业单位会计。而目前事业单位的情况比较特殊，事业单位收入呈现多元化趋势，有些事业单位（如出版发行机构、培训中心、后勤服务机构等）甚至可以实现完全通过市场配置资源。这样一来，我们对于事业单位会计的划分就要仔细甄别该事业单位财务资源的来源。如果事业单位在财务来源上与财政脱钩，主要依靠市场配置资源，那么其经过改制后公益性的事业单位会计纳入民间非营利组织会计范畴，非公益性事业单位会计则纳入企业会计范畴；否则就依然保留在政府会计范畴中。基于上述的分析结论，我国的会计领域就可以明确地分为三大类：政府会计、民间非营利组织会计和企业会计。本书要研究的问题则是针对其中政府会计范畴的内容展开的。

1.1.2 我国政府会计改革的必要性

郭道扬教授认为，官厅会计（即政府会计）对于反映国家财政状况全貌，保护国家财产与公共权益是十分必要的；而公司会计对于反映私家财政状况，保护私有财产与私人权益则是有益的。在社会经济的发展过程中，政府会计与公司会计都处于国家经济的基础地位，二者相辅相成，这两方面的改革自然同样重要。[①]自2007年1月1日起，我国上市公司开始实施新企业会计准则，至今已经历时十多年的时间，会计准则的国际趋同效果得到了国际社会的普遍认可。而在政府会计领域，虽然改革开放40年以来政府职能发生转变，各项财政体制改革相继实施，但预算会计体系仍然以服务于财政预算管理为主要目标，这显然已不能满足政府绩效评价的开展，以及财政的科学化、精细化管理的需要。因而，重新审视我国政府会计的现状，构建具有中国特色的政府会计体系势在必行。

以科学发展观作为理论指引，用发展的眼光看待未来，具体分析我国政府会计改革的必要性可以从以下几个方面入手：

1）政府职能转变需要进行政府会计改革

对于政府职能的转变问题，党的十九大报告提出“转变政府职能，深化简政放权，创新监管方式，增强政府公信力和执行力，建设人民满意的服务型政府”。同时要求“建立全面规范透明、标准科学、约束有力的预算制度，全面实施绩效管理”。政府职能的转变意味着必须通过政务公开等形式改进政府管理与服务方式，进而提升政府的执政能力，然而目前我国在这方面做得还不够。以2006年我国政府预算报告为例，全国财政收入和财政支出分别为35 423.38亿元和38 373.38亿元，而在同年的政府决算报告中，这两个数字分别被改写为39 373.20亿元和41 535.73亿元，预

① 张琦，张娟．政府会计改革：问题、对策与建议——政府会计改革研讨会综述[J]．会计研究，2009（10）：83-88．

决算偏离度分别高达11.15%和8.42%。这反映出由于缺乏人大的有效约束和监督，各级政府部门对财政资金配给的裁量权持续增强，追求“超收目标”的强大动力得不到制约，预决算偏离度也就越来越大。[①]而公众若想发挥监督财政预算的作用就更加难上加难，毕竟公众很难从经过大量简化的预算报告中获取政府财政预算方面的信息。为解决这一问题，就需要政府对外披露全面的政府资产负债情况和业绩数据，而建立完善的政府会计体系自然就成为当务之急。

2）我国公共财政体制改革需要进行政府会计改革

自中华人民共和国成立以来，全国财政支出规模从1950年的68亿元，扩大到2008年的6.26万亿元，2009年预算安排7.62万亿元，增长了1 120倍。[②]在“十一五”的五年时间里，我国财政收入从“十五”末年的3万亿元起步，以年均1万亿元的幅度增长，年度增速数倍于同期GDP的增速。[③]我国财政收支规模的扩大使得加强公共财政管理成为一种必然要求。近年来，为适应我国社会主义市场经济体制的不断完善和发展，我国实施了一系列财政预算管理制度改革，主要包括部门预算、政府收支分类、国库集中支付、收支两条线和政府采购等。在过去很长一段时间里，我们国家财政执行的是传统分散型的收付制度，注重财政资金分配，实行“以拨定支”制度，造成预算单位资金沉淀、财政支出信息失真。财政预算管理制度的改革使这一状况发生了根本性的变化，财政预算管理实现了全过程的管理。首先，通过部门预算实现了事前管理；其次，通过政府采购与国库集中支付加强了事中的管理；最后，通过对财政资金使用的监督与追踪又可以完善事后的管理。然而在这一过程中，部门预算编制是否合理，执行效果如何，以及政府采购成本公允性的确定等无疑需要相关的政府财务信息提供数据支持。

对此，时任财政部部长谢旭人在2009年7月召开的全国财政工作会议上明确指出了全面推进财政科学化、精细化管理的必要性。他认为这是落实科学发展观的必然要求，是关乎财政职能作用能否有效发挥、财政体制能否健康发展的重要问题。会计具有提供货币化信息的天然功能。财政精

---

① 李炜光．打开预算“暗箱”[J]．财经，2010（6）：26-27．
② 财会通讯编辑部．政府会计改革攻坚[J]．财会通讯，2009（34）：1．
③ 郑猛．“十二五”财税变局[J]．财经，2010（24）：114-116．

细化管理所需要的各级政府及预算单位的资产负债、收入、成本等运营成果方面的信息理应由政府会计提供。然而，现行的预算会计体系的核算基础主要以收付实现制为主，提供的财务信息比较有限，无法满足政府绩效管理的根本需要。因而，出于对加强政府的绩效评价与管理的考虑，有必要对政府会计体系做出全面的调整。这样，对外才能向纳税人、国债购买人等政府利益相关者提供全面准确的财务信息，对内也才能更好地加强财政资金和政府资产、负债的监督管理。

3）加强政府审计需要进行政府会计改革

政府对社会公众所承担的受托责任非常广泛，包括政治的、经济的、社会的受托责任。政府审计是能够从社会公众的角度出发有效地实施对政府受托责任的考核的途径之一。尽管我国政府审计目前仍然主要集中于财务收支审计方面，但政府审计的未来发展将逐步转向财务审计和绩效审计并重的格局，这在国家审计署所开展的有关研究中已得到了充分的印证。既然政府审计工作是以会计规范作为执业标准的，那么相应的会计规范如果不能做到及时更新，自然就会影响政府审计质量的提高和职能作用的发挥。因此，目前以反映政府预算收支情况为主的预算会计体系已经难以适应未来审计的发展，为了满足未来政府审计的发展需要，必须进行相应的改革。

4）政府会计国际化发展需要进行政府会计改革

进入21世纪，经济的全球化成为世人关注的焦点。网络信息技术的不断发展极大地拉近了世界各国的沟通距离，国际贸易和资本流通规模逐步扩大，各国间的经济依赖性日渐增强。在此背景下，会计国际化是必然的趋势。在企业会计方面，我国已成功实现了国际趋同。财政部继2009年9月发布《中国企业会计准则与国际财务报告准则持续全面趋同路线图（征求意见稿）》之后，2010年4月2日正式发布了路线图，明确了我国下一步企业会计准则建设的方向，即在现有趋同成果基础之上，全力推进我国企业会计准则与国际财务报告准则的持续趋同。在政府会计方面，自20世纪80年代起，伴随着新公共管理运动的浪潮，西方成熟市场经济国家纷纷对政府会计进行了改革，改革的主要内容是会计核算基础从传统的收付实现制转向权责发生制。这些国家通过一系列的政府会计改革提高了政府财政透明度，强化了政府公共受托责任，促进了政府绩效的合理评价，改革成效显著。

在当前世界经济的大环境下，我国表现出越来越强烈的国际化发展诉求。尤其是在2008年国际金融危机爆发后，世界经济格局发生了重大变化，我国作为发展中国家在世界经济发展中发挥着越来越重要的作用。世界各国及众多国际组织对中国财政金融体制的稳定和发展越来越关注。我国要想在国际经济发展中拥有更多的话语权，与其他国家是否具有良好的沟通基础显得格外重要。会计作为一种国际化语言，自然承担起沟通桥梁的作用。因而，在政府会计领域进行会计改革以适应全球化经济发展的需要就成为一种必然。

1.1.3 我国政府会计的现状

1）预算会计体系特点

我国长久以来执行的预算会计体系是为了迎合当时的预算管理要求而制定和实施的。因而，在满足国家宏观预算管理需要这一目标的指引下，预算会计的核算对象主要集中于预算收支方面，这对于我国预算执行情况的反映和公共财政资金的管理发挥了十分重要的作用。但不能不承认的事实是，在当前纷繁多变的国际、国内经济环境中，传统的预算会计体系暴露出越来越多的问题。它不能全面反映政府经济资源、财务状况和收支活动，欠缺对受托责任概念内涵与外延的准确界定，无法满足现代政府财务管理与绩效评价的需要。

2）财政预算管理制度改革对我国预算会计的影响

为了适应经济发展需要，改革我国公共财政体制，提高财政资金的使用效益，近年来我国相继进行了财政预算管理制度的一系列改革。其中，部门预算改革、政府收支分类改革、国库集中收付制度改革和政府采购改革是我国财政预算管理制度改革的几项主要内容。这些改革措施对财政总预算会计、行政事业单位会计实务产生了较为深刻的影响。

（1）部门预算改革

部门预算改革的核心内容是指预算编制的基本单位是每个部门，通过“一个部门一本账”“预算内外资金统筹”等反映各部门的收支情况。具体体现为：为反映预算的具体内容和支出方向，预算编制将逐步地、尽可能地细化到单位和项目。部门预算包括收入预算和支出预算。各预算单位都要严格按照批准的预算组织收入和安排支出。为进一步细化收支预算，各预算单位在编制部门预算时需要将经费分为基本经费和项目经费两类。其中，基本经费主要用来维持组织正常运转和完成日常工作。对于基本经费需要按照定额、定员进行管理，即按照日常工作的需要和人员配备标准核定经费额度。而项目经费则用来完成日常工作以外的其他特定任务。项目经费需要按照专项任务的实际情况核定项目经费额度。对应经费的分类，预算单位的支出也具体区分为基本支出和项目支出。

在此基础上，为实现将预算落实到项目的目的，我国又进行了政府收支分类改革。政府收支分类改革是部门预算改革中除了上述按部门编制预算、细化预算、促进综合预算的编制等外又一项重要改革措施，它的实施对预算会计体系产生了非常深远的影响。政府收支分类就是对政府收入和支出进行类别和层次划分，以全面、准确、清晰地反映政府收支活动。政府收支分类改革的主要内容包括：收入分类全面反映政府收入的来源和性质，不仅包括预算内收入，还包括预算外收入、社会保险基金收入等属于政府收入范畴的各项收入，同时分类方法也与国际通行做法取得一致；建立支出功能分类体系，统一按支出功能设置类、款、项三级科目，从而更加清晰地反映政府各项职能活动；建立支出经济分类体系，全面、规范、明晰地反映政府各项支出的具体用途。政府收支分类改革的意义重大：第一，它有利于反映政府收支活动，合理把握财政调控力度，进一步优化支出结构，提高财政运行效率；第二，它有利于深化部门预算、国库集中收付、政府采购等各项改革，增加预算透明度，强化财政监督，从源头上防止腐败；第三，它有利于建立与国际接轨的、高效实用的财政统计分析体系，不断推进国际合作与交流。通过这样一系列的改革措施，部门预算真正实现了“外行看得懂，内行说得清”。以政府支出的经济分类为例，2018年新的政府收支分类要求支出的经济分类区分政府财政和政府部门单位，分设“政府预算经济分类”和“部门预算经济分类”两套科目。这样就可以使政府财政部门在进行政府财政预算的编制、执行、决算、公开和财政总预算会计核算时使用政府预算经济分类；而在进行财政部门自身的预算编制、执行、决算、公开和部门会计核算时采用政府部门预算经济分类。改革后的政府支出经济分类更加贴近政府的工作实务，由此生成的会计信息也更为细化和易于理解了。

（2）政府采购制度改革

政府采购制度改革是指在财政监督下，以法定的形式、方法和程序实现对货物、工程或服务的购买，从而满足各级政府及其所属机构为开展日常政务活动或为公众提供公共服务的需要。

政府采购制度的改革对于规范我国公共采购方式、调控经济等方面产生了极大的促进作用。具体表现为：第一，通过实施政府采购可以实现全社会资源的优化配置。一方面它有利于提高我国财政支出的使用效益，另一方面它可以通过总量控制，调整公共部门和私人部门、大型企业和中小企业的资源结构，同时也可以实现对民族产业的保护和产业结构的调整。第二，政府采购还具有促进就业、保护环境和稳定物价等市场引导作用。第三，政府采购程序上的规范促使政府各项采购活动在公开透明的环境中工作，进而可以有效地从源头上抑制公共采购活动中的腐败现象。

我国政府采购制度的实施对预算会计的核算提出了新的要求。对于没有进行国库单一账户制度改革的预算单位，会计核算要视不同的采购资金的负担方式而采取相应的核算方法。预算单位政府采购资金的负担方式主要分为三种：第一种是由财政全额拨付款项；第二种是由预算单位全额负担；第三种是由财政和预算单位按比例配套拨付采购资金。财政总预算会计和行政事业单位会计要根据资金拨付和货物验收情况进行不同环节的会计核算。对于已经实行了国库单一账户制度改革的预算单位，政府采购资金不通过预算单位而是直接拨付给货物或服务的供应商。从预算单位来看，政府采购的会计核算方法与财政直接支付下的会计核算方法是一致的，即预算单位在收到通过财政直接支付购买的货物或服务时才确认收入和相应的资产或支出。

（3）国库单一账户制度改革

实行国库单一账户为核心的国库管理制度改革就是指由财政部门代表政府设置国库单一账户体系，所有的财政性资金通过国库单一账户体系收缴、支付和管理。

国库单一账户体系的建立彻底改变了原有的财政资金的拨付程序。在传统的分散型国库收付制度下，财政资金的拨付实行逐层转拨的方式，即财政部门通过国库将资金拨付预算单位，各级预算单位再按照从属关系自上而下层层转拨，款项最终是由支出预算单位付给供应商。而实行国库单一账户制度改革后，财政资金缴拨实行国库集中收付，财政资金从预算分配到拨付使用，直到资金到达商品和劳务提供者账户的全过程，都要借助于国库单一账户体系，由国库直接支付和控制。由此，国库单一账户制度改革取消了征收机构、执法机关的各种收入过渡账户以及各单位、各部门在银行开设的各个预算外收入账户，大大简化了财政资金的拨付程序，提高了资金的使用效率。此外，国库单一账户制度改革也强化了对国库资金使用的监督，避免出现以往财政资金“以拨定支”，资金沉淀在各预算单位的现象，从而对于缩小财政赤字、促进国家财政政策和货币政策的有机结合起到至关重要的作用。

对于财政总预算会计和行政事业单位会计核算来说，国库单一账户制度改革带来的影响是极为深刻的。按照国库单一账户制度改革对支出拨付程序的规范要求，财政支出的支付形式包括财政直接支出和财政授权支付两种。在不同的支付方式下，无论是财政总预算会计还是行政事业单位会计都涉及不同的核算内容。尤其是为了配合国库单一账户制度改革，行政事业单位会计核算还新增了“零余额账户用款额度”和“财政应返还额度”两个会计科目，会计处理过程发生了较大的变化。

3）我国政府会计领域最新的改革进展

进入21世纪以来，中央和地方各级政府一直致力于建设责任政府、效率政府、透明政府和服务型政府。在预算管理体制方面，财政部先后实施了政府采购、部门预算、国库集中支付、政府收支分类以及预算公开等改革。财政预算管理制度改革带动了我国预算会计的变革，但并未从实质上彻底改变现有预算会计体系，依然不能满足社会经济发展对政府会计提出的新要求，越来越多的理论界和实务界人士呼吁建立全新的具有中国特色的政府会计体系。

2010年4月，财政部宣布将全面修订《事业单位会计准则》，拉开了新一轮政府会计改革序幕，随后陆续对《医院会计制度》《事业单位会计制度》《行政单位会计制度》《高等学校会计制度》《财政总预算会计制度》等进行修订。同时，财政部发文要求11个省（市）于2011年开始试编权责发生制政府综合财务报告，2013年、2014年已推向所有省份。具体编制方法是，日常核算仍以收付实现制为主，年终按照权责发生制原则，采取统计加估算的方法对有关数据进行调整、转换，编制以权责发生制为基础的年度政府综合财务报告。

2011年3月，第十一届全国人民代表大会第四次会议批准的《中华人民共和国国民经济和社会发展第十二个五年规划纲要》提到“进一步推进政府会计改革，逐步建立政府财务报告制度”，正式提出了建立政府财务报告制度的要求。2013年11月，党的十八届三中全会审议通过的《中共中央关于全面深化改革若干重大问题的决定》提出“建立跨年度预算平衡机制，建立权责发生制的政府综合财务报告制度，建立规范合理的中央和地方政府债务管理及风险预警机制”，对建立权责发生制的政府综合财务报告制度提出了明确要求。2014年修订的新《预算法》将“各级政府财政部门按年度编制以权责发生制为基础的政府综合财务报告”首次写入《预算法》中，奠定了权责发生制政府综合财务报告制度的法律地位。2014年12月，国务院批转了财政部《权责发生制政府综合财务报告制度改革方案》（简称《改革方案》），对全面推进权责发生制的政府综合财务报告制度改革做出了部署。

2015年10月23日，财政部令第78号公布了《政府会计准则——基本准则》，详细阐述了政府会计信息质量要求，并对政府预算会计要素、政府财务会计要素、政府决算报告和财务报告等内容进行了界定和规范。该准则自2017年1月1日起施行。

2017年10月24日，为了适应权责发生制政府综合财务报告制度改革需要，财政部正式发布了《政府会计制度——行政事业单位会计科目和报表》（以下简称《政府会计制度》），要求自2019年1月1日起施行，标志着并行以权责发生制为基础的财务会计和以收付实现制为基础的预算会计进入具体实施阶段。新《政府会计制度》在系统总结分析传统预算会计体系的利弊基础上，构建了“财务会计和预算会计适度分离并相互衔接”的会计核算模式，在财务会计核算中全面引入了权责发生制，体现了我国政府会计改革的巨大飞跃。

新《政府会计制度》是在有机归并现行行政单位、事业单位和九项行业事业单位会计制度基础上形成的，部分行业事业单位的特殊业务未完全体现在《政府会计制度》中。因此，为了规范医院、高等学校、科学事业单位等行业事业单位特殊经济业务或事项的会计核算，需要结合行业单位实际情况，对《政府会计制度》做出必要补充。为了确保《政府会计制度》在各类行政事业单位的有效贯彻实施，财政部于2018年2月份印发了《〈政府会计制度——行政事业单位会计科目和报表〉与〈行政单位会计制度〉〈事业单位会计制度〉有关衔接问题处理规定》。此后，财政部又接连印发了国有林场和苗圃、测绘事业单位、地质勘查事业单位、高等学校、中小学校、医院、基层医疗卫生机构、科学事业单位、彩票机构九类行业事业单位执行《政府会计制度》的补充规定和衔接规定（以下简称系列补充规定和衔接规定）。

新《政府会计制度》顺应了多领域管理的需要，综合了包括预算管理、财务管理、资产管理、绩效管理等在内的多重信息要求。根据国务院2014年在《权责发生制政府综合财务报告制度改革方案》实施步骤中提到的规划，我国将在2018年至2020年研究推行政府成本会计。相信未来我国的政府会计改革将会在更广和更深的层面上有序开展。

1.1.4 目前我国政府会计存在的问题

目前我国正处在由建立在收付实现制基础之上的预算会计体系向“双轨制”政府会计体系转变的重要变革时期。传统的预算会计体系是一种以预算管理为中心的宏观管理信息系统，主要服务于国家财政收支的管理，它与公共绩效管理框架下的政府会计还有一段相当大的距离。

1）传统的预算会计体系核算范围不够全面

我国传统的预算会计过分强调以预算管理为中心，长期以来都是以收付实现制为主要的会计核算基础，侧重于财政收支的核算，而忽视了政府会计的其他重要内容，许多国有资产、政府负债等存量信息没能纳入现行预算会计体系的核算范围，致使现有预算会计系统无法支持有效的公共财务管理，难以全面反映政府资金运动，公共资金使用效率低下。

（1）政府资产状况未能得到客观反映

现行预算会计体系对于政府资产反映不全、不客观表现为多个方面，主要可以概括为以下几点：

第一，未能全面反映政府投资情况。在财政总预算会计制度中，将所有对外权益性投资作为预算支出处理，没有进行投资资产的核算。行政单位会计制度中也仅仅是通过设置“有价证券”科目，核算了国债投资的相应内容，除此之外，对其他投资都没有做出明确的规定，结果这些其他投资往往是被作为当年支出进行会计核算了。事业单位会计制度尽管引入了对外投资的核算，但其主要规范的是债券投资和其他以货币资金、实物和无形资产等向其他单位的投资。对权益性投资的核算未进行明确规范。而且，对外投资的核算也主要是针对初始成本的计量，未能反映投资成本的后续变化情况。这样一来，势必导致大量政府和行政事业单位的对外投资未被确认，一方面是资产少计，另一方面将对外投资直接作为支出处理，则会使净资产与事实相反（表面看起来是在减少），进而造成投资管理上的失误和国有资产流失等严重问题。

第二，固定资产核算不清。财政总预算会计制度对于政府整体的财政预算、决算内容的规定中没有要求提供有关政府固定资产方面的信息，因此，财政总预算会计中关于固定资产核算这一项便成为空白。行政、事业单位尽管从会计制度本身的规定来看被要求进行固定资产核算，但目前存在的问题较大。这主要是由于目前政府资产管理方面存在责任不清、管理难度较大的情况。在行政单位中，比较常见的问题是同一资产分属不同部门管理，由于各部门职责权限和管理要求存在差异，使得资产管理较为混乱。

第三，资产核算范围狭窄。政府需要管理的资产类型多样，尤其是涉及无形资产和生物资产等，其价值评估难度较大，且具有一定的主观性，因此，给政府资产管理工作带来许多新的挑战。因此，诸如自然资源、物质和非物质文化遗产、无形资产等内容在目前披露的会计信息中很难获取。

（2）政府负债状况未能得到充分反映

我国政府的债务规模巨大，以地方负债为例，2009年至2010年两年时间，中央代理地方发行的债券就达到2 000亿元。[①]这样庞大的地方债务还属于显性负债，实际上还有更多的政府隐性负债和或有负债等未能得到客观反映。究其原因，是由于我国现行的预算会计中的负债只核算当期实际收到现金的负债，而并未核算当期已经发生但尚未用现金偿付的负债内容，以及可能引起财政支出增加的或有负债，从而造成负债核算范围过窄，致使大量的隐性负债和或有负债仍然游离于政府会计的核算之外，政府财政无法确定其应承担的债务偿付责任。目前由各类政府债务所引发的财务风险不断积聚，但政府管理者却往往无法从现有的预算会计体系得到充分信息，从而形成政府管理上的隐患。

（3）政府成本信息未能得到有效反映

为了更好地解除政府所承担的公共受托责任，需要加强公共绩效管理，这已成为理论界和实务界的共识。为此，除了需要度量和测算政府部门的产出绩效外，还要求提供以会计为基础的有关部门产出的成本信息，要求相应的会计系统有能力将成本分摊到相应的结果上，使产出绩效信息与财务信息具有同样的完整性和可靠性，而目前我国的预算会计体系实难满足对于政府成本会计信息的要求。

以教育部门为例，为了客观反映政府的运营绩效和对受托责任的履行情况，需要科学测算政府投放在教育方面的公共管理成本。我国的教育成本内容繁多，包括人员经费支出、日常公用经费支出以及基建、设备购置等资本性支出。现行高等学校会计制度最突出的问题是固定资产不计提折旧，资本性支出未能在支出受益期间内均衡地进行分配。这就会造成随着各年资本性支出水平的高低不同，根据高校实际支出测算出的教育成本会随之发生较大波动，数据缺乏可信性，无法进行教育成本横向和纵向的科学比较和分析，因而难以为教育收费定价提供合理的依据。

2）现行预算会计体系不能满足多方信息使用者需求

我国目前的预算会计体系提供的财务信息主要侧重披露预算执行情况信息，对报告使用者范围的界定过于狭窄，会计信息主要向立法机关、行政部门等内部使用者提供，而政府的外部利益相关者并不在预算会计信息

---

① 郑猛．法解地方举债[J]．财经，2010（11）：80-81．

使用者之列，预算会计无法满足外部利益相关者日益高涨的信息诉求。国际公共部门会计准则理事会概念框架咨询稿（以下简称IPSASB咨询稿）强调，公共部门财务报告不仅应能提供全面反映公共部门财务状况、财务业绩和现金流量的信息，而且应当提供公共部门会计信息使用者所需的预算执行信息以及反映公共部门提供公共服务目标实现情况的非财务信息。由此可见，要想满足我国内、外部政府会计信息使用者对政府会计信息的需求，必须重新定位我国的政府会计和财务报告目标，按照新的目标拓展我国政府财务报告的范围，除了继续提供反映预算收支执行情况信息，同时提供全面反映政府财务状况、财务业绩信息和反映公共服务目标实现情况的财务与非财务信息。

1.2 研究意义

20世纪70年代末以来，西方各国在履行政府公共受托责任的过程中，产生了诸如财政赤字猛增、福利国家不堪重负等一系列新的社会与政治问题。进而引发了一场从英国开始，然后迅速席卷全球的轰轰烈烈的政府改革运动，即“新公共管理运动”。新公共管理运动以深化改革政府绩效管理和评估为主要内容，在减轻财政压力、回应民众诉求、提高政府服务意识等方面获得了显著的成效，从而大大缓和了长期以来存在于政府与民众之间的矛盾。西方新公共管理运动下的政府绩效评估经验为正处于市场经济上升期的我国在政府创新方面提供了新思路。近些年来，我国行政体制改革方面取得了重大进展，政府管理水平日渐提高。部分地方政府和政府部门越来越关注行政管理理念和方法的更新，最重要的表现就是绩效管理和评估越来越多地被引入到政府的管理实践活动中来，并取得了不错的效果。由此，我国政府越来越认识到加强政府的绩效管理，提高政府执政能力将成为今后政府工作的首要任务，也是大势所趋。但我国政府绩效管理工作的顺利开展离不开相关制度、措施方面的大力配合，尤其是作为政府管理活动的重要组成部分的政府会计更是需要发挥其自身优势，为政府绩效管理工作提供有力支持。为此，以绩效管理为目的重新构建我国的政府会计体系的意义就显得十分重大。

1.2.1　有利于政府绩效评价的开展

政府作为履行管理社会公共事务、提供公共物品的行政权力机构，对社会公众承担广泛的受托责任，包括政治的、经济的、文化的和社会的受托责任。政府公共受托责任的履行有赖于政府绩效信息的全面披露，而目前无论是理论界还是实务界大多从非财务信息入手，设计绩效评价指标体系，以量化打分等方式评价政府的绩效水平。但定量信息的缺乏制约了政府绩效评价理论与实务的发展。会计作为货币化的经济信息系统，具备提供定量信息的天生优势，本应为政府绩效评价提供主要数据支持，然而，现有的政府会计体系在绩效评价支持方面并未发挥出应有的作用。以绩效管理为导向构建政府会计体系将极大地扭转这一形势，新的政府会计体系将提供全方位的信息来弥补绩效评价定量信息匮乏这一不足，有效推动我国政府绩效管理实践的顺利开展。

1.2.2　有利于政府会计目标的转变

长期以来，我国的预算会计体系一直是为预算管理服务的，预算会计被视为国家预算的重要组成部分。我国预算会计的目标主要强调的是会计信息应当符合国家宏观经济管理的要求，适应预算管理和有关方面了解行政单位和事业单位财务状况及收支结果的需要，以利于单位加强内部管理。而为实现此目标，预算会计提供的信息最主要作用就是反映财政资金使用的合法性和合规性。由此可见，我国的预算会计体系建立的初衷就是围绕着如何反映政府合规性受托责任的履行情况而进行的。在此导向指引下，就不难理解为何我国现行的预算会计体系在核算范围上不够全面，核算基础上主要选择以收付实现制为主的形式等一系列问题。然而，目前遵循民众对政府执行能力提出的要求，提高政府绩效管理水平是摆在我国政府面前急需解决的问题，为此所需要的会计信息已不再仅仅局限于合规性的会计信息，更重要的是财务信息和绩效信息的全面披露。换言之，政府会计的目标从反映政府合规性受托责任转向反映政府财务受托责任和绩效受托责任。因此，以绩效管理为导向构建政府会计体系将极大地推进政府会计目标实现转变。

1.2.3 有利于顺应经济形势的转变

我国政府部门执行的预算会计体系自1998年实施以来，对于反映政府财政收支活动、加强我国公共财政资金管理，发挥了十分重要的作用，但时至今日，我国的市场经济环境已经发生了巨大变化，尤其是政府职能的转换、公共财政体制的确立以及政府监督的加强等，对反映政府经济活动的政府会计信息提出了更高要求。尽管我国近年来进行了多次政府预算会计制度的改革，2019年更是开始实施“双轨制”的新的政府会计制度，统一了原有的行政单位会计制度和事业单位会计制度，但距离全面反映政府经济资源、现时义务和业务活动情况全貌还有一定差距。为了使政府更好地履行受托责任，以绩效管理为导向构建政府会计体系自然成为顺应经济形势发展的有力举措。

总而言之，在目前的经济形势下，以反映合规性财务信息为导向的我国现行预算会计体系已远远满足不了政府会计信息使用者的要求。该如何改革我国的政府会计？近年来，国内学者对此做了大量探讨。学者们逐渐认识到重新构建我国的政府会计体系的必要性，以及解除政府公共受托责任的关键就是政府绩效信息的全面报告和披露。但大多数学者的研究集中于孤立地研究如何构建我国的政府会计体系或如何提高政府绩效，将二者结合起来研究如何以提高政府绩效管理水平为导向构建政府会计体系的却不多，但这是解决政府会计改革方向性问题的关键，故选择此题作为研究方向。本书将以绩效管理为导向，借鉴国外政府会计改革经验，着重研究我国政府会计体系的构建问题，以期为完善政府绩效评估，提高政府的工作效率，加快新形势下的政府会计改革进程有所裨益。

1.3 研究方法

本书采取多种研究方法，其中基本的方法包括比较分析法和规范研究方法。同时，本书还采用实地研究以及案例研究的方法对政府会计体系的构建进行研究。

比较分析法是本书采用的主要研究方法，通过比较国外政府会计改革中基于绩效管理目标所进行的各项改革举措，从而发现我国目前政府会计中存在的优势与不足。对于不足之处应深入分析中外差异及其形成的原因，在借鉴其他国家成功经验的基础上探讨改进措施。

从总体上来说，政府会计理论与企业会计理论都植根于基本的会计原则和会计方法。本书的写作在依托大量前人在会计理论方面已经取得的研究成果的基础上，运用规范研究方法，通过借鉴国外政府会计和绩效管理的实践经验，并结合对公共受托责任等理论的分析，来探讨以绩效管理为导向构建政府会计体系的必要性及具体实施路径。应该说，规范研究方法是主导研究方法。

采用实地研究和案例研究方法，主要是出于理论结合实际的考虑。在论文的写作过程中，笔者深入到黑龙江省黑河市人大常委会、财政局等相关部门，进行实地调查和了解，并以此作为分析我国政府会计及绩效考核现状的事实依据。希望通过对实务中存在问题的具体分析，有的放矢地研究解决方案，从而使理论研究不至于与实践相脱节。此外，本书引用了大量的国内学者所开展的实证研究结果作为相关论点的佐证。

1.4　结构框架

全书共分为8章：

第1章，在分析我国政府会计现状及存在问题的基础上，提出了以绩效管理为导向构建我国政府会计体系的思路，阐述了研究意义，并对具体研究方法进行了概括。

第2章，对国内外相关研究文献进行了综述。主要内容包括：国内外政府绩效管理方面的研究文献回顾和国内外政府会计改革方面的研究文献回顾。在此基础上，分别对两部分文献进行了评述。

第3章，对基于绩效管理构建政府会计体系的理论进行了分析，主要包括政府绩效管理、公共受托责任和政府职能转变三个方面的理论分析。

第4章，介绍了国外政府会计改革的主要内容，对国外政府会计改革的差异进行了分析，并总结了各国经验对我国政府会计改革的启示。

第5章，探讨了基于绩效管理的政府会计理论体系的构建问题，主要从以下四个方面展开分析：政府会计的目标、政府会计的主体、政府会计的核算基础和政府会计要素。

第6章，主要根据政府会计职能的划分，从预算会计、政府财务会计和政府成本会计三个方面集中探讨了基于绩效管理的政府会计核算体系的构建问题。

第7章，在具体分析目前我国政府财务报告系统存在的问题的基础上，兼顾政府利益原则和外部使用者需求原则，具体对我国政府财务报告体系的构成内容进行了设计。

第8章，总结，并对主要的研究结论进行了归纳。在此基础上，对我国政府会计改革的实施路径及注意问题等提出了相关的建议。

1.5 创新与不足

1.5.1 创新点

本书主要在以下几个方面有所创新：

（1）以绩效管理为导向构建政府会计体系。在研究我国政府会计改革的相关问题过程中，国内的学者提出了很多整体或局部的针对政府会计改革的方案，如：改革政府财务报告体系；建立政府会计概念框架、政府会计准则、制度体系等。但笔者认为，上述这些改革措施还不能彻底地实现政府会计改革，只有重新构建整个政府会计体系才是最优之选。当然，构建政府会计体系并不是新鲜的政府会计改革话题，而以绩效管理为导向进行政府会计改革也早有学者倡导，但将二者结合起来研究，并深入探讨政府会计体系各组成部分的具体内容，这在诸多的研究成果中还不多见。

（2）政府会计体系的构成内容突出“三元论”。构建我国的政府会计体系，会计界的专家、学者对此有过很多的讨论。比较有代表性的观点，主要有“二元论”和“四元论”等。主张“二元论”的一方认为政府会计体系的构成内容应包括预算会计和财务会计两个方面；主张“四元论”的一方认为政府会计体系的构成内容应是更加完整和充实的，不仅包括预算会计和财务会计，还应包括成本会计和管理会计。此外，也有学者提出了“三元论”，即政府会计体系的构成内容包括预算会计、财务会计和成本会计，但仅限于观点的提出，关于这三部分的具体内容设计及相互关系的理顺都未做进一步的分析和探讨。进而，系统分析政府会计体系三部分的组成内容将成为本书的一大亮点。

（3）创造性地对政府成本会计核算体系的内容进行了设计。国内学者对于政府会计改革的探讨多集中于预算会计和财务会计的理论方面的分析，对成本会计核算内容少有人进行具体研究。笔者基于内部控制着重从创建基础、技术方法和综合运用三个层面探讨政府部门成本会计构建问题。尽管想法还不够成熟，内容涵盖还不够全面，但毕竟是对政府成本会计核算体系的构建所做的一次有益尝试。

（4）提出结合内部控制提高政府会计信息质量。我国学者对政府内部控制和政府会计信息披露都曾进行过诸多探讨，但将两者结合起来考虑的学者为数甚少。笔者着重剖析和厘清了政府会计信息披露与政府内部控制的关系，分析了政府内部控制存在的问题，有针对性地结合政府会计信息披露需求探讨了改进政府内部控制的思路，由此达成提高政府会计信息披露质量的初衷，进而有利于我国预算会计、财务会计和成本会计“三元”政府会计体系的建设。

1.5.2 不足之处

（1）在本书的撰写中尽管通过实地访查获得了一些一手的资料，同时也利用了一些实证研究的结论，但总体来说，本书仍然以规范研究作为主要的研究方法，缺少客观事实的检验，因而在研究方法上尚存在局限性。

（2）政府会计体系的研究涉及众多学科知识，如政治、经济、社会、公共管理、公共财政等多个学科。笔者由于涉猎知识有限、认识水平不够，所以对某些理论把握还不到位，个别问题分析尚显粗浅。

（3）本书对于政府会计体系的构建研究仅停留在理论探讨的层面，未能对推广、应用的具体做法进行详细探讨。

（4）本书对个别问题的论述受篇幅所限未能详细展开，在表达方式上也不够生动，未能采用更多的图表进行形象的描述。

第 2 章

国内外研究文献综述

古语有“以史为鉴，可以知兴替”之说，本书也将以此为指导，对搜集到的国内外有关政府绩效管理和政府会计改革问题的研究文献进行回顾与评述，希望达到“以史鉴今”的目的，进而为本书研究以绩效管理为导向构建政府会计体系创造条件。

2.1 政府绩效管理研究文献综述

20 世纪 70 年代末以来，首先从英国发起，而后迅速席卷全球的新公共管理运动极大地促进了国外政府绩效管理问题的研究与实践。20 世纪 80 年代中期以来，西方国家为应对科技进步、全球化和国际竞争的环境条件，解决财政赤字和公众信任问题，普遍实施了以公共责任和顾客至上为理念的政府绩效管理。与此同时，国内外学者对政府绩效管理的研究也非常活跃，取得了不少有代表性的成果。可以说绩效管理既是现代政府管理的前沿课题，又是世界各国公认的难题之一。本书将从国外和国内两个方面分别对政府绩效管理的研究文献进行简要的回顾与评述。

2.1.1 国外政府绩效管理研究文献回顾

1）与政府绩效管理产生与发展相关的研究

Devries、Bouekaert，以及Lynch和Day（1996）等学者均对政府绩效评价的历史沿革进行了较为深入的研究。Devries等（1981）指出，绩效评价最早产生于政府领域，具体可追溯到公元三世纪中国魏朝针对官员的正式绩效评价（formal appraisal）。Bouckaert（1990）则根据公共行政理论的历史演变，将美国的政府绩效评价分为"效率政府""行政官员政府""管理者政府"和"民营化政府"四个阶段。简单来说，关于政府绩效评价的研究大体上可以分为政府效率评价和绩效评价两个阶段。西方发达国家对政府绩效问题的研究，与政府管理模式的变化有着密切的关系。传统的公共行政管理模式强调政府效率评价，新公共管理模式则强调政府绩效评价。

（1）传统的公共行政管理模式下的政府绩效管理

从政府绩效管理的最初发展来看，其产生是与公共管理的理论研究及其知识发展分不开的。在传统的公共行政管理模式下，学者普遍认为公共组织与私人组织在管理方法的本质上没有任何区别，一般的效率原则对政府和企业都是适用的。20世纪初期，泰罗（Frederick W. Taylor）在其著作《科学管理原理》中进行了时间研究、动作研究与差异工资制研究。法约尔（Henri Fayol）在《工业管理与一般管理》中则把这种绩效管理从在企业中应用发展到在各类组织中应用。正是由于受到以泰罗和法约尔为代表人物的"古典管理理论"影响，西方关于政府绩效管理的研究在其产生初期侧重于政府效率方面，主要采用技术效率的研究方法。

美国早期的科学管理研究工作者哈林顿·埃默森（Harrington Emerson）是效率问题研究方面的杰出代表，至今仍被称为"效率的大祭司"。1913年他出版了《十二项效率原则》（*The Twelve Principles of Efficiency*[①]）一书，提出了适用于政府和企业管理的"十二项效率原则"。在这十二项原则中，前五项是关于人际关系的，包括：明确的目的；注意

① Harrington Emerson.The twelve principles of efficiency［J］. Engineering magazine，1912.

局部和整体的关系；虚心请教；严守规章；公平。后七项是关于管理中的方法和制度的，包括：准确、及时、永久性的记录；合理调配人、财、物；定额和工作进度；条件标准化；工作方法标准化；手续标准化；奖励效率。

随着行为科学的产生和发展，20世纪末30年代初，政府效率的研究开始转向注重人的因素，尤其表现在传统的技术效率测量开始被对组织内部沟通联系、领导风格、人际关系和其他组织内部状态的评价部分取代。在行政效率改进和评估方面，赫伯特·西蒙等行政学者曾有过比较深入的研究。1938年，克拉伦斯·里德利和赫伯特·西蒙合作出版的《市政活动的评价》一书中提出政府效率评价的内容包括需要、结果、成本、努力和业绩。1947年，在西蒙本人出版的《管理行为——管理组织决策过程的研究》著作中这些思想也得到了充分体现。这些研究标志着政府绩效研究的序幕正式拉开。

（2）新公共行政管理模式下的政府绩效管理

20世纪80年代以来，伴随着英国新公共管理运动和美国政府再造运动，传统的公共行政模式开始受到严峻挑战，绩效管理成为西方各国政府行政改革的核心内容，以市场导向和采用企业化管理方式等为特征的新公共管理模式得到迅速推广。在此背景下，大批研究公共管理的技术和方法的著作及文章不断涌现，主要包括战略管理、全面质量管理、标杆管理、目标管理、绩效预算、人力资源开发与管理技术等方面。与此同时，对政府部门的绩效研究也进入了一个新的发展阶段。在这一时期，对绩效管理和评价的基本性质、管理绩效的测量、管理绩效评价的应用等方面的研究比较集中，主要成果包括英国理查德·威廉姆斯所著的《组织绩效管理》、美国帕特里夏·基利写的《公共部门标杆管理：突破政府绩效的瓶颈》、美国凯瑟琳·纽克默与爱德华·詹宇斯等著的《迎接业绩导向政府的挑战》和美国B·盖伊·彼得斯撰写的《政府未来的治理模式》等。另外，尤其引人注目的是，1992年风靡全球的由戴维·奥斯本（David Osborne）与特德·盖布勒（Ted Gaebler）合著的《改革政府——企业家精神如何改革着公共部门》一书。这本书严厉斥责当代美国政府官僚主义，推崇“企业家”精神，提倡利用“企业家”式的人物改造政府，从而促使政府预算制度以追求绩效为目标进行改革。美国前总统比尔·克林顿在评价此书时说："每一位当选官员都应该阅读本书，我们要使政府充满新的活力，就必须对政府进行改革，本书给我们提供了改革的蓝图。"

在西方政府管理改革的实践中，绩效管理方法的应用取得了不俗的成效。在英国，撒切尔政府在"雷纳评审"之后，又陆续出台了几项重大改革措施，如财务管理新方案、下一步行动方案等。20世纪90年代梅杰政府大胆引入公共服务的外部评价主体，强调提高公共服务的质量，推行"公民宪章运动"以及"竞争求质量运动"，使绩效管理更加战略化和系统化，绩效评估方法也得到了进一步改善。而布莱尔政府的电子政务运动则为评估和改善政府绩效活动提供了更加便利的手段。在美国，1993年7月，美国国会通过了《政府绩效和结果法》，美国政府绩效管理活动最终以立法的形式被确定下来，为其实施奠定了坚实的制度基础。2001年8月，布什政府又提出了新的联邦政府改革方案——"总统管理议题"。该议题主要涉及五个方面：绩效管理、以公民为中心的电子政府、改进财政管理、人力资本规划与重组、竞争性的采购等。2003年，布什政府又提出了新的预算格式，强调绩效与预算紧密挂钩，力图从资源配置方面推动部门绩效的提高。

2）与政府绩效管理理论相关的研究

（1）关于政府绩效管理的目标

如何让政府绩效管理方法在政府管理工作中发挥效用，确立明确的目标是非常关键的，对此，国外学者也有过不少相关的探讨。戴维·奥斯本与彼德·普拉斯特里克（2002）主张政府部门绩效管理最终要为政府的组织再造及流程再造服务。他们提出，凡是取得了高绩效的组织都是那些高度重视使命、组织目标及绩效等问题的组织。尼古拉斯·亨利（2002）则提出：绩效管理的目标可以分为三种——提高组织绩效、明确责任制和增收节支。欧文·E·休斯（Owen E.Hughes，2004）提出了政府实施管理时要追求"3E"目标。"3E"目标即经济（Economic）、效率（Efficiency）、效益（Effectiveness），这曾被西方学者奉为绩效管理的"新正统学说"。哈里（Harry P.Hatry，1996）等人在"3E"目标的基础上，提出把政府绩效管理追求的"3E"目标转向追求公共服务的质量和顾客满意度，认为政府绩效评估还应考虑公共物品和公共服务的质量改善和提高，在绩效评估中确立市场和顾客导向的绩效评估原则。

（2）关于政府绩效管理的作用

首先，政府绩效管理的作用体现在可以帮助完善政府预算。在这方面，众多学者进行了较为深入的研究。1993年美国第103届国会通过了《政府绩效与结果法案》（Government Performance Results Act，GPRA），在美国第一次以立法形式将绩效管理制度固定下来。该法案规定，预算管理局和国会是绩效评估活动的主要管理机构，总统和国会是主要的监督机构，预算管理局还应向总统和国会提交绩效预算计划方案（Performance Budgeting Pilot Projects），对年度绩效预算进行可行性与合理性评估。乔纳森·D.布劳尔（Jonathan D.Breul，2006）等人对美国的《政府绩效与结果法案》进行了系统分析，他们认为，实施绩效预算是建立结果导向型政府的趋势。绩效预算更强调资源分配的结果和产出。一个负责任的，注重结果的联邦政府的建立需要系统地使用战略规划、绩效计划、预算和财务信息。2011年美国联邦政府通过的《GPRA现代化法》中，OMB（管理和预算办公室）被赋予了新职责，如：制订联邦政府绩效计划；对联邦政府和部门优先绩效目标进行监测和进展状况评价；牵头建立一个统一的网络平台，向社会公布联邦和各部门绩效管理的系统信息等。Gianakis（1996）则研究了在典型的市预算程序中使用绩效数据的可能的收益、潜在的难题（problems）和突出的问题（issues）。

其次，政府绩效管理的作用还集中体现在能够加强公共部门管理。绩效管理作为一种有效的管理工具，对政府部门的决策制定、战略规划和组织内部的管理控制都可以发挥积极的促进作用。同时也有助于加强政府与公众的沟通，进而改善政府服务质量，提高政府竞争力。Behn（2003）将绩效管理有利于公共管理者实现的八个管理目的概括为：评价、控制、编制预算、激励、宣传、庆祝、学习和改进。Keel（2006）等学者也在《绩效评价管理指南（2006版）》一书中对绩效评价系统在得克萨斯州战略规划和绩效预算系统中的角色和具体应用做了详细阐述。伯恩斯汀（David J.Bernstein，2001）则从实践出发，选取了五个地方政府作为研究样本，发现这些政府在对公共项目的监管方面都广泛应用了绩效测量，以此提升服务的绩效。伯恩斯汀（2013）通过引入不同地区的政府数据样本，证明了广泛应用绩效测量对公共服务的提升作用。

（3）关于政府绩效管理的方法

对于政府绩效管理的方法，国外的学者借鉴相关学科的理论对如何进行有效的政府绩效管理做了大量的探讨。Poister在《公共与非营利组织绩效考评：方法与应用》一书中通过大量的案例研究对公共部门绩效评价的各种方法和技术进行了深入探讨。Ehrbar（1999）对如何用经济增加值（EVA）来评价政府绩效和战略进行了详细论述。

卡普兰（KaPlan）和诺顿（Norton）在1992年介绍了平衡计分卡，这是基于绩效指标设计的角度来探讨绩效评估方法的一项新尝试。珍妮特·M.凯丽和威廉姆·C.瑞文巴克为将这一方法应用于政府公共管理和预算绩效管理制度的建设做了深入研究。Niven则重点探讨了平衡计分卡方法在政府及非营利组织的绩效评估领域中的应用问题。

帕特里夏·基利（Patricia Keehley，2002）将应用于私人部门的标杆管理方法引入公共部门。标杆管理一般认为是为改进工作、追求更高的绩效而进行评估和比较的过程。帕特里夏·基利对于标杆的确立提出了多种设想：一是对于内部标杆的确立，他主张将其建立在对政府部门前后阶段的绩效比较的基础上；二是对于外部标杆的确立，他认为应考虑在同类服务供应商中找到能达到的最高水平作为比较标准；三是对于标杆的简化确定方法，他提出基于为政府预算绩效管理设计战略规划和绩效目标的考虑，可以直接将“目标”作为标杆。

此外，Jarmo Vakkuri（2009）认为分析绩效计量，作为一种解决组织问题的方法非常重要，他通过芬兰当地政府的经验数据进行了验证。Chan Su Jung（2011）采用普通最小二乘法回归分析美国联邦政府机构所有项目目标实际达到的效率，以此对组织绩效进行客观衡量。Carmine Bianchi（2012）建议通过加强政府协同、控制和基于文化的考虑，建立绩效管理法规，加强对支持绩效管理的信息基础设施建设等措施，来促进政府的绩效管理。

对于政府绩效的具体评价指标来说，国外学者也做了大量研究。英格拉姆（2003）教授认为政府绩效管理包括财政收入、资金分配、人力资源、信息技术以及管理结果5个维度，并且联邦、州、县和城市政府的绩效评估指标体系不同。Thomas（2007）认为政府部门一项决策的科学性必须通过引入公民参与指标维度得以考察。Sandra Van Thiel（2008）建议，绩效评价体系应该在会计中考虑公共部门的具体特征，绩效指标由于存在争议而需要利用多个指标，以反映所有利益相关者的诉求。

而美国学者马克·霍哲教授（2004）则从政府绩效考评的流程角度，提出评价政府绩效管理应该从期望结果、选择标准、设定目标、监督结果等七个步骤逐步进行。

2.1.2　国内政府绩效管理研究文献回顾

我国对政府效率问题的关注由来已久。自中华人民共和国成立之初，我国政府就通过组织考核、人事考核的形式来加强对各级政府部门效率的考核，但考核的主观性和随意性比较大。到了20世纪90年代，我国学者对政府绩效、绩效评估、政府生产力等理论问题有了全新的认识和了解，使得我国对政府效率的研究开始转向政府绩效研究。截至目前，我国学者在政府绩效管理方面的研究已取得了一定的成果，主要集中在介绍、分析国外政府绩效管理产生与发展的过程、成功经验以及探讨政府绩效管理相关的理论问题方面。

1）与政府绩效管理产生与发展相关的研究

张宪法（2005）将西方发达市场经济国家的政府绩效评估分为三个时期：一是绩效审计阶段，是从20世纪40年代开始的，代表国家是美国；二是迅速发展阶段，时间跨度为20世纪70年代至90年代；三是深化发展阶段，时间跨度为20世纪90年代至今。同时他指出，将政府绩效评估产生至今的发展过程按照新公共管理体制和旧公共行政分类，那么新公共管理体制下的政府绩效评估时期应起始于20世纪70年代。

相对于其他国家，我国对政府绩效管理的研究起步较晚，因而借鉴英国、美国等绩效评价开展较早、较为成功的国家的经验就成为我国学者一项重要的研究课题。这些研究在推动我国的政府绩效管理的理论与实践的发展方面起到了极大的推动和促进作用。

中国行政管理学会课题组（2006）对国外政府绩效管理的发展过程做

了如下总结：英国政府绩效评估始于1979年的“雷纳评审”。至于美国，自1978年的卡特政府以来，政府部门的绩效管理问题一直被历任总统所重视。尤其是在克林顿政府时期，行政改革的主导思想就是政府绩效评估。至于其他国家政府绩效评估的开展情况，经济合作与发展组织有统计数据表明，丹麦、芬兰、挪威、新西兰、加拿大等国家都广泛采用了公共组织绩效评估。亚洲则是以日本、韩国等国家先后引入“行政评价”“制度评估”等类似政府绩效评估的形式为标志从20世纪90年代开始的。

张志超（2006）在对美国政府绩效管理的进程分析后指出，美国是世界上最先探索政府绩效管理的国家之一。早在19世纪末，由于许多城市政府腐化无能的事件被陆续曝光，通过财政预算控制地方政府绩效的呼声便开始出现，在20世纪初期的美国《国家市政评论》上已经可以见到这方面的文章。20世纪40年代，在胡佛委员会的推动下，理论界与实践部门对绩效评估与绩效预算的关注进一步提升。但政府绩效管理的真正兴起却是20世纪70年代，到了90年代达到高峰。朱立言和张强（2005）则将美国政府绩效评价的发展划分为萌芽时期、绩效预算时期和全面发展时期三个阶段，并认为美国政府绩效评价侧重点也经历了从注重部门效率、行政投入、行政产出，到关注绩效预算、实行成本控制，再到对整体效率、后果、有效性和绩效目标的实现的过程。

包国宪（2016）按时间顺序对我国政府绩效发展进行纵向阶段划分，以1994年为界限将其划分为萌芽期和发展期，发展期可细分为初步探索（1995—1999年）、研究拓展（2000—2003年）、细化创新（2004年至今）。

2）与政府绩效管理理论相关的研究

（1）政府绩效管理的内涵及作用

尹忠红、郝振河（2008）认为政府绩效管理是指政府在履行公共责任的过程中，以公共产出的最大化和公共服务最优化为目标，实施的一种全面管理。蒋一帆、邹昱（2011）则认为，政府绩效管理是政府借鉴企业管理有效形式的产物，是引导公共部门及其工作人员做好各项工作的重要制度安排。对于政府绩效管理的作用，学者们普遍认为绩效管理能够提高政府部门的管理水平和服务质量。刘俊霞（2010）认为，绩效管理与评估的全面实施，使公共部门更加重视提供公共物品的效率、有效性和质量；更加重视以服务对象的满意程度与顾客取向来评价公共部门的绩效。李明和肖小明（2011）进一步指出，绩效管理通过大规模的群众评议，其本质是在深化精细管理的同时扩大民主。陈俊星（2015）认为公众导向理念契合科学发展观“以人为本”的发展理念，体现服务型政府的本质要求，成为政府绩效管理的基本价值和核心理念。王艳艳（2017）将政府绩效管理定义为：“政府在积极履行公共责任的过程中，在讲求内部管理与外部效应、数量与质量、经济因素与伦理政治因素、刚性规范与柔性机制相统一的基础上，为获得公共产出最大化的过程。”换言之，政府绩效是政府绩效管理的结果，而政府绩效管理则是获得政府绩效的过程。

（2）关于政府绩效管理的价值取向

马宝成（2001）在总结西方学者对政治产品和政治生产力的政治评价标准的基础上，率先提出政府绩效评价的价值取向是增长、公平、民主和秩序。朱火弟和蒲勇健（2003）的观点与此相似，认为评价的价值取向包括效率、秩序、公平和民主。林琼、凌文辁（2002）则提出政府绩效的基本价值选择取决于政府职能的合理定位，公共服务质量好坏是衡量政府绩效的重要标准，廉洁、高效、公正是政府绩效的价值追求。胡宁生（2006）认为我们今后需要构建的政府治理模式是服务型政府，进而将价值取向归纳为“以人为本”，其基本特征体现为：责任性、回应性、公平性、节约性、高效性、廉洁性。对此，何植民和李彦娅也持相同的观点。宋琴婷、彭文龙（2016）从经济新常态角度对政府绩效评估价值取向进行研究，认为在对政府进行绩效评估的过程中，绩效评估的价值往往会对政府形成潜移默化的影响。随着政府对绩效评估的认识逐渐加深，绩效评估的价值将逐渐内化为政府工作的价值。陈廷超（2016）认为可以从政府绩效管理的宗旨价值取向、维度价值取向、要素价值取向三个方面，构建成相互关联的政府绩效管理的价值取向体系，综合思考政府绩效管理的价值取向。在政府绩效管理的三个价值取向中，宗旨价值取向是政府绩效管理的核心价值取向，维度价值取向和要素价值取向是实现宗旨价值取向的途径和手段，是为实现宗旨价值取向服务的。尹一喃（2017）研究认为不同政府对绩效管理的价值有着不同的态度，绩效管理更为多样化，难以达成统一定论，政府绩效管理可以有效地解决维度价值取向、要素价值取向，各基层政府人员需要充分认识绩效管理的价值取向意义以及重要地位。价值取向在一定程度上能够体现党的执政目标，也是执政的根本基础，能够推动社会和谐发展。

（3）关于政府绩效评价的指标

唐任伍和唐天伟（2004）通过借鉴瑞士国际管理发展学院（IMD）关于国家竞争力中政府效率评价的理论，设计了一套测度我国省级政府效率的指标体系，具体涉及政府公共服务、政府公共物品、政府规模及居民经济福利四个方面共47项指标。

卓越（2004）构建了一套地方政府通用的绩效评价指标体系。该指标体系由基本指标与指标要素或评判方法两个层次54项指标构成，涉及思想建设、组织建设、政风建设、制度建设、一票否决、依法行政、举止文明、环境规范等15个方面。

范柏乃（2005）针对200多名MPA学员设计了包括行政管理、经济发展、社会稳定、教育科技、生活质量和生态环境6个领域的66项指标，并最终选择出具有代表性的37项地方政府绩效评价指标。

董大胜主持的“政府绩效评价体系”课题的研究结论指出，政府部门绩效评价指标的确定要结合对不同部门、不同时期的具体职责目标、工作任务和实现方式的研究分析来完成。他进而制定出包括政务管理、履行职责和资源管理三个一级指标和行政决策、行政效率、政务信息、职能划分、完成职责、行为影响、发挥潜能、人力资源管理和国有资产管理9个二级指标在内的指标体系。[①]

在杨雄胜主持的“政府绩效评价”课题中，地方政府的绩效评价成为政府绩效评价指标体系设计的立足点。该课题围绕职能完成、资源耗费、内部管理、社会影响和可持续发展五个方面的考核内容设计了一套适用于评价各级地方政府绩效的指标体系。[②]

彭国甫和盛明科（2007）依据绩效维度、层级特征和样本属性构建了一个设计政府绩效评价指标体系的立体逻辑框架，并将其应用于湖南省政

---

① 财政部会计准则委员会. 政府绩效评价与政府会计［M］. 大连：大连出版社，2005：33-36.

② 财政部会计准则委员会. 政府绩效评价与政府会计［M］. 大连：大连出版社，2005：148.

府绩效评价指标设计中，设计出一套涉及政府业绩、成本和内部管理三个方面的共计26项指标的指标体系。

连华、刘旭（2012）提出应结合公共财政支出绩效评价的内容建立我国绩效评价指标体系。

肖霞（2016）在回顾绩效审计评价指标体系研究现状的基础上，分析了构建我国政府绩效审计评价指标体系的原则，并根据审计对象的不同，从行政事业单位绩效审计、公共工程绩效审计、国有控股公司绩效审计三个部分分别提出相应的绩效审计评价指标体系，以期对当前的绩效审计工作有所帮助。

（4）关于政府绩效管理的方法

如何将经济学、统计学等相关学科的综合评价方法用于政府绩效评价，多位学者对此进行了大量有益的尝试。彭国甫（2004）利用系统工程中的层次分析法对地方政府绩效评估指标权重确定、评估信息处理方面做了系统分析。随后他又利用经济学上常用的方法——数据包络分析法（DEA）对湖南省11个地级市政府的公共事业管理绩效进行了深入分析。[①]范柏乃（2005）指出政府绩效评估可以引用其他多元评价方法，包括主成分分析方法、层级分析方法、数据包络分析方法、模糊数学分析法、神经网络分析和遗传算法等，并重点讨论了主成分分析法、层次分析法和数据包络分析法三种方法在政府绩效评估中的具体运用。王谦和周卓儒（2004）则主张将标杆管理与DEA结合起来使用。他们认为，两种方法配合使用既可以使指标权重的设置避免受到主观影响，又可以克服DEA算法本身的相对有效性的缺陷。

学者们还对模糊评价法等其他一些评价方法进行了研究。袁有杰（2006）以某市国税局为例研究了模糊评价法在政府部门绩效评价中的应用。吴建南和郭雯菁（2004）建议把平衡计分卡引入公共部门中，并指出平衡计分卡经过修正和改造可以应用于政府的绩效评价实践。

近年来通过学者们的不断分析探索，对于政府绩效评价方法又有了更加深入的认识。包国宪与孙斐（2012）在政府绩效管理价值的平衡研究中

① 彭国甫. 基于DEA模型的地方政府公共事业管理有效性评价——对湖南省11个地级州市政府的实证分析［J］. 中国软科学，2005（8）：128-133.

运用了文献研究法，从各大数据库中检索并选出符合要求的样本进行分析研究。因为政府绩效管理价值的难以度量性与缺乏操作性，在一定程度上造成了理论和实践研究的相互分离，所以两人认为对此类问题的研究采用定性研究方法比其他定量研究方法更合适。另外，他们还运用了德尔菲法确定了构成政府绩效管理价值集合的78个价值。叶朝辉、牟晓云、于方坤（2017）通过对包括“3E”评价法、模糊综合评价法和标杆管理法在内的国内外主要的绩效评价方法优缺点的比较分析，发现模糊综合评价法在地方政府绩效的衡量过程中经过大量的推理与计算，具有较强的逻辑性，适合地方政府绩效的衡量工作，所以选择模糊综合评价法来作为地方政府绩效评价的方法。姜秀敏、韩笑（2018）在绩效棱柱模型的基础上，综合国内外政府绩效评估方法，尝试提出了一种新型的政府绩效评估模式——“双e螺旋循环”模式，力求汲取各类模型及方法的可取之处，规避各类方法的不足，进而更好地完善我国政府绩效评估工作。

3）与政府绩效管理实践相关的研究

我国在具体推进政府绩效管理的过程中大致经历了局部性绩效管理阶段和全面性绩效管理阶段。海南省从1995年开始推行国家公务员制度，并以此为开端逐步建立了可上可下、进出自由的灵活的用人机制，具体实施办法是进行“绩效评估、竞争上岗、双向选择”改革。在政府人事管理中推行绩效管理，这是以海南省为代表的实施局部性绩效管理的有益尝试。此后，政府绩效管理进入全面性绩效管理阶段，以深圳市、成都市为代表的地方政府尝试在政府各项工作中引进绩效管理。成都市政府提出在解决政府“管什么？怎么管？管得怎么样？”这三个关键问题上，要时刻注意以绩效为导向探求解决途径。为此，成都市于2002年初首先选择了三个窗口单位作为试点，分别是市工商局、市政公用局、市公安局。在这三个单位推行以绩效管理为核心的服务型政府模式的改革，半年后，取得了十分理想的成绩。试点单位的成功尝试让此项改革随后得以在成都市市局一级的所有部门广泛铺开。

尽管我国的政府绩效管理在实践领域已取得了一定的成绩，然而，当前我国政府改革还处于起步阶段，我国的行政管理体制为进一步适应政治、经济和社会环境的变化，仍需要多方完善，而我国政府绩效管理在理论研究和实践应用方面都还存在很多不足。我国的学者对此也做了大量的探讨，主要涉及以下几个方面：

（1）政府绩效管理未实现制度化、规范化

我国目前的政府绩效管理多由地方政府自发或半自发地展开，国家并未制定相关法律和制度来规范其执行，缺乏统一标准。也正因如此，政府绩效评估的体系构建和内容设计等几乎都是从地方政府自身需要出发而设定的，缺乏客观统一的评价标准，因而无法进行横向比较。究其原因，是由于我国至今尚未就政府绩效管理与评估颁布相关的法律或行政法规。这就直接导致我国的政府绩效管理实践暴露出一系列的问题，如：绩效管理活动因缺乏整体战略规划而无法在政府部门全面系统地推进；绩效管理缺乏连续性，往往流于形式；绩效评估甚至成为有些人以此来收受贿赂的桥梁。中国行政管理学会课题组（2006）就曾将我国政府绩效评价存在的问题概括为：一是绩效评估工作基本上处在地方政府自发状态，缺乏相应法律和制度作为保障，缺乏激励机制和长效机制，实践中存在盲目性；二是没有建立科学的评估指标体系；三是理论引导力度不够，对政府部门绩效评估缺乏深入研究；四是有的地方工作中存在形式主义。显然，缺乏制度化、法制化的绩效评估，权威性、制约性不强，使得政府绩效管理的作用无法得到充分发挥。薄贵利（2009）等学者指出，目前我国政府绩效评估大多数通过政府文件规范，缺点是权威性不高、规范化不够、稳定性不强，随着政府绩效评估的发展需要法制化完善。谢能重（2018）认为，政府绩效管理法制化就是要严格制定政府履行职责要实现的目标规划或目标期待，且这样的目标规划不能是单方面的，必须多方征求意见、达成共识、形成体系，应包括根本目标、中层目标、具体目标。政府绩效管理要遵守合法性原则、渐进性原则、现实性原则、公开便民原则。

（2）政府绩效评估科学性欠缺

目前，我国的政府绩效评估还未形成一套完整的理论和方法体系。尤其体现在对评估原则、评估指标体系、评估模型、评估依据、评估技术与方法、评估程序等问题的研究方面还不够深入，与世界范围内较早开展政府绩效管理的国家相比还有相当大的差距。曹荣、任闻宇、杨明波（2006）认为，我国政府绩效评估的主要问题表现在：偏重经济指标，导致了对政府绩效的片面理解；评估以官方为主，社会公众还未充分地参与到对政府的评估中来；评估过程不够公开、透明，各类媒体的监督作用尚未得到发挥；评估方法多为定性，较少采取定量方法，导致评估结果不够科学；评估程序没有规范化，存在很大的随意性。冯静（2006）在研究中也发现政府绩效评估指标设定不科学。她认为现行政府绩效评估指标过分强调GDP的增长率，即便采用绿色GDP，也仍然因为评价指标相对片面，只关注了经济指标，因而不能对政府职能的完成绩效做出全面考核。正是由于政府绩效评估缺乏科学性，因而许多地方政府在追求“政绩”的背后是过度开发建设和胡乱集资摊派，而不考虑这些举措是否符合当地的经济条件和发展需要。钱金淼（2015）指出，现阶段我国绩效评估主要体现在初步建立了政府绩效评估体制，形成了相关的运行管理办法，但在实际绩效评估中仍然存在许多不足，这就需要从理论研究、制度规范、立法等方面完善政府绩效评估体系，从而建立科学的政府绩效评估体系。

（3）政府绩效评估程序缺乏制度规范

政府绩效评估的完整流程应该是：明确价值取向、设定指标体系、确定评估主体、收集相关信息、得出评估结果、分析结果、提出改进方案、收集相关信息，由此循环往复。但在目前，我国的政府绩效评估程序由于缺乏制度规范，往往出现要么绩效评估过程全程封闭进行，不公开、不透明；要么只是遵循必要流程粗略地过一遍，只重形式，不重结果。这就导致各有关部门只关注报告的表面形式，而对于报告中的信息是否真实，评估结论是否客观，一般不会仔细研究核实。显然，评估过程存在很大的随意性，不仅政府绩效的客观评估无从谈起，更谈不上政府绩效的改善与提高了。上面述及的曹荣、任闻宇、杨明波以及冯静等学者对此都有相同的看法。周书楠（2018）指出，绩效评估的一般环节包括制定评估目标、构建指标体系、实施绩效评估、评估结果反馈等，环节之间的联系都是非常紧密的，如果某一环节出现问题，那么绩效评估的总体效果就会大打折扣，甚至会影响到地方政府绩效管理本身。

（4）政府绩效评估主体单一

政府的各项工作其最终的服务对象是广大的社会公众，公众对于政府工作开展的效果是最有发言权的。人民群众对政府绩效的满意程度是评判政府绩效的根本标准。而我国的政府绩效评估的主体相对单一，基本由政府相关部门负责进行。政府的内部评估主要由上级对下级进行评估，而各职能部门往往缺少自我评估。从政府的外部评估来看，一方面，公众作为主要的外部评估主体很难胜任这一评估任务，原因是政府行为透明度不高，政府与公众间存在信息不对称。更何况让公众参与到政府绩效评估中来并不是经常履行的惯例。另一方面，由专家、学者组成的专门评估机构的评估即第三方评估，目前发展还不成熟。这就使得其对政府绩效评估的客观性、公正性、准确性大受质疑。因此，政府绩效评估主体中缺乏人民群众和专家、学者的评估，而单方面由政府考评自己的工作绩效实在难以实现全面、客观的评价，同时也难以提高社会公众对政府绩效的满意度。对此，冯静、曹荣、任闻宇、杨明波以及张宪法等学者都有类似的看法。于海燕（2014）认为，利益主体的多元性决定了政府绩效评估不可能只涉及单一主体，政府绩效评估主体的确定需要克服单一主体的局限来保证政府绩效评估的科学公正。基于公共治理视角和对政府绩效评估的主体构成及其多元化构建过程中的制约因素分析，实现政府绩效评估主体多元化，应构建参与型文化，完善相关法律法规，发挥内外主体合作效力，实现参与途径多元化。李丹阳（2015）则以中国现实国情为出发点，在分析政府单一主体绩效评估的不足的基础上，从政府绩效评估的内生需求角度，提出权力主体、技术主体和信息主体三位一体的多元体系对改进中政府绩效评估实效和改善政府工作的实践逻辑。

2.1.3　文献评述

总结国内外学者对于政府绩效管理的研究，能够看出中外学者对于这个问题的探讨显示出不同的特点，存在明显的差异。这些差异大致可以概括为以下两个方面：

1）在研究主体方面

从研究主体来看，国外对政府绩效管理的研究主体呈现多样化的特点。从政府部门、各类科研机构到大学学者都参与到政府绩效管理研究中来。以政府部门为例，世界很多国家都以法律规范的形式将绩效管理的相应内容确立下来，要求政府部门以此为依据进行绩效评估。美国政府就曾颁布了《政府绩效和结果法》《以绩效为基础的组织典范法》，荷兰政府也颁布了《市政管理法》等。

相比之下，就显得我们国家对这个问题的重视程度不够。研究政府绩效管理的主体多以北京大学、中国人民大学等几所高等院校的专家学者为主，相对单一。尽管我国的政府工作人员已经意识到实行政府绩效管理的重大意义，在实践中有部分地方政府也在积极探索实施的方案，但对这个问题的研究仍然较少，而且缺乏理论性、系统性和创新性。因此，目前我们国家在政府绩效管理的研究方面就形成了学术界研究和政府部门实践相脱节的局面。学者们所做的研究无法和实践紧密地结合起来，多数体现为纯理论的研究，研究结论很难转化为实际应用成果。

2）在研究方法方面

在对政府绩效管理的研究中，国外学者比较注重实证研究，往往是针对具体问题或案例进行研究，在研究中也多采用实证的研究方法。通过设计定量指标，来实际测量政府部门的绩效水平。此外，外国学者也比较重视将相关领域的研究成果以及在私人部门行之有效的管理方法引入政府绩效管理的研究中。

我国的学者目前对于政府绩效管理的研究还主要侧重于定性研究，以规范研究方法居多，较少采用定量方法，从而造成研究结论缺乏实践结果的证明，说服力不足。究其原因，一方面是由于政府部门对绩效管理的关注度不够，实施绩效管理的政府部门有限，研究数据获取困难；另一方面是由于政府绩效管理是一个比较复杂的研究领域，很多内容都难以量化。而且，对这个问题的定量研究还需要研究者有比较扎实的数学、统计学知识基础，这也对定量研究的开展形成了现实性的障碍。

3）在研究及应用成果方面

国外对于政府绩效管理的研究开展较早，研究的内容无论从广度还是从深度上都达到了较高的水平。目前，欧美发达国家已逐步建立了一套较为完善的政府绩效管理的理论和方法体系，主要涉及政府绩效的评估原则、评估指标体系、评估模型、评估依据、评估技术和方法、评估程序等方面。同时这套体系在实践中也得到了大力的推广应用，效果显著。

而我国目前的研究现状是，在政府绩效管理的研究中针对个别问题、个别领域的探讨比较多，对整体理论和方法体系的研究尽管有很多学者进行了探讨，但还主要停留在理论层面，实际可操作性较差，未能实际应用于政府部门的工作实践。因而，在我国政府绩效管理的实践中，评估原则、评估程序、评估指标体系和评估技术与方法方面存在较大的主观性和盲目性，缺乏系统的理论指导。

综合比较国内外学者针对政府绩效管理的研究成果及研究现状，我们可以清晰地看出未来我国在这一领域的发展方向。要想充分发挥绩效管理在公共部门管理中的作用，必须要注重理论联系实际，在实践中发现问题、研究对策，并将理论研究成果应用于实践，更好地指导实践工作。进而，建立一套适合我国国情的政府绩效评估理论框架、指标体系、操作程序及技术方法，并将其制度化，以此来推动我国的政府绩效管理工作的开展。

2.2 政府会计改革研究文献综述

20世纪七八十年代席卷全球的新公共管理运动拉开了世界各国改革政府会计的大幕。新公共管理强调“管理绩效”，主张采用企业化的管理方法来提高政府的管理效率。政府会计作为基础性的信息系统，如何更好地服务于政府管理绩效的提高就成为各国学者探讨的焦点。在此背景下，国内外学者关于政府会计改革的研究成果相当丰硕，涌现出大批有价值的理论和实践方面的研究文献。

2.2.1 国外政府会计改革研究文献回顾

1）政府会计改革与相关理论的研究

（1）关于新公共管理与政府会计改革的研究

在对相关文献认真分析的基础上，Lapsley（1999）总结出学者们对于政府会计在新公共管理中的作用存在的两种不同的观点。一种观点认为政府会计是确保实质性绩效的必要工具；另一种观点认为政府会计只是理性化和现代化的新公共部门的一个组成部分。他认为，新公共管理有可能只关注提供服务的数量而牺牲质量，而政府会计服务于公共活动中的一个主要方式就是计算产出数量，由此强化了会计对其他信息渠道的主导优越性，但也可能造成非理性行为，或者至少阻碍了新公共管理思想与政府组织中关键群体活动的融合。

Alex Matheson（2001）指出，会计及其他预算改革仅从表象分析似乎只是单纯的技术问题，但其实不然，一个国家治理结构是否良好与预算和会计实务的健全程度有着密不可分的联系。这就意味着，政府以绩效导向的管理改革如果没有配套的政府会计变革相辅助，将很难获得成功。

国际货币基金组织（International Monetary Fund，IMF）指出，新兴工业化国家正在改革公共支出管理体系，但“这些国家已经面临着一个持续的压力，即需要更加完整的会计信息，这需要改革其会计体系”，而“采用权责发生制会计应当被视为广泛的预算体系改革的有机组成部分”，“执行以权责发生制为基础的政府会计体系，可能是保证公共部门管理全面转轨的唯一一条值得走的路径”（Diamond，2002）。[①]

（2）关于受托责任与政府会计改革的研究

对于公共受托责任的定位问题，美国政府会计准则委员会（GASB）早在1987年发布的第1号概念公告《财务报告的目标》就指出：受托责任是政府所有财务报告的基石。政府财务报告的目标也因此概括为：提供信息帮助使用者评价受托责任；提供信息帮助使用者做出经济、社会和政治决策。

政府承担的公共受托责任十分广泛，若要深刻了解其内涵，有必要从不同层面进行分析。Stewart（1984）具体将公共受托责任划分为五个层次：第一层次是政策受托责任——选择要实行和要拒绝的政策，即价值取向；第二层次是项目受托责任——确定和达成目标，即成果；第三层次是绩效受托责任——有效运营，即效果和经济性；第四层次是过程受托责任——执行所需行为的适当过程、程序和方法，即计划、分配和管理方面；第五层次是完整性及法律受托责任——按照批准的预算或项目来支出资金，即合规性。

---

① Diamond J. Performance budgeting-Is accrual accounting required?［M］. Washington D.C: International Monetary Fund，2002.

美国著名政府会计专家James L.Chan（2003）认为，民主制度和市场经济的发展引起了对受托责任的高度关注，而会计信息恰恰能够被用来监督和执行经济、社会以及政治契约的条款，因而，政府会计便得以在世界范围内迅速崛起。他将政府的受托责任分为经济受托责任和政治受托责任。政府的经济受托责任形成于其参与市场交易的过程；政府的政治受托责任则在其通过征税为公共服务融资时，便随之产生了。

James M.Patton（1992）在《受托责任与政府财务报告》一文中也对受托责任进行了较为全面和深入的研究。

（3）关于公共选择理论与政府会计改革的研究

公共选择理论（Public Choice Theory）兴起于20世纪60年代，是一门处于经济学和政治学之间的交叉学科。Mueller（1999）认为，公共选择理论可以定义为非市场决策的经济研究，或者简单地定义为把经济学应用于政治科学。理论的基本行为假设是，人都是自利的、理性的、追求效用最大化的。公共选择方法采用的是经济学的方法。

James L. Chan和Mar A. Rubin（1987）就曾根据公共选择理论对政府会计进行了研究。公共选择包括规范和实证两大分支，Chan和Rubin侧重于实证性公共选择理论，指出诸如量化各种类型的政府服务、计量服务的成本等是政府会计实证研究的主要领域。

Ingram和Copeland（1981）通过实证研究检验了政府会计数据对于投票决策的潜在有用性。政府会计信息能够为投票者提供有助于了解政策影响的定量化信息。进而，他们认为，有些时候政府会计数据可以成为投票者对在职者绩效的特定方面的评估结果的替代物。Ingram（1984）对一些经济因素和美国州政府会计实践的关系进行了经验研究。结果表明，州政府会计信息披露的数量取决于利益群体受到监督激励的程度。Mayston（1992）依据公共物品模型研究了公共部门中的会计信息需求问题。

2）与政府会计改革实践相关的研究

（1）关于政府会计的构成内容

Cornelius E.Tierney在其2000年出版的《联邦会计手册》（Federal Accounting Handbook）中指出，美国在20世纪五十年代，在联邦政府中应用的是纯粹的预算会计。尽管在20世纪五六十年代，学术界对以权责发生制为基础或以成本为基础的会计已经进行了诸多探讨，但直到20世纪七八十年代，权益会计（propriety accounting，也就是指财务会计）伴随着计算机软件广泛推广才逐步在实践中被广泛应用。目前，美国的政府会计体系中同时存在着财务会计与预算会计，两者通过基金会计模式有效地整合在一起。

根据Benoit Chevauchez先生2006年在财政部国库司举办的“国库单一账户制度与政府会计改革国际研讨会”上的介绍，法国目前的政府会计体系是由预算会计、普通会计（general accounting）、成本会计三个系统构成的。其中，预算会计为了确保支出部门能够遵守预算拨款，主要目标放在追踪预算执行上，采用单式记账方法；普通会计的目标则集中在政府的财务状况能够真实和公允地反映，采用权责发生制基础和复式记账方法；成本会计的目标是进行政府成本分析，对公共政策产出的成本进行评价，采用权责发生制基础和单式记账方法。

（2）关于政府会计的会计基础

收付实现制（cash basis）一直以来都是世界各国政府会计主要的核算基础，但在20世纪70年代以来“新公共管理运动”的推动下，世界上已有不少国家在政府预算会计中运用了权责发生制，其中经济合作与发展组织（OECD）一半以上的成员在政府财务报告中采用了权责发生制（accrual basis）。会计理论界对各国政府会计改革中产生的收付实现制和权责发生制的探讨观点不一，主要体现为以下两方面：

第一，赞同支持采用权责发生制。经济合作与发展组织（OECD，1993）指出，权责发生制对于公共部门的可取之处主要有：反映和提供由于给予公共部门管理者额外的灵活性而产生的受托责任基础；便于实现资源管理的高效性；拓展业绩概念，有利于改进受托责任；有助于关注政府和管理部门决策的长期影响。

国际会计师联合会（IFAC，2000）认为，政府管理部门采用以权责发生制为基础的会计信息具有以下优势：①可以对政府及其机构的绩效、财务状况及现金流量情况进行准确评价；②反映预算的执行情况；③辅助做出合理的财政资源配置的决策；④提供政府运用财政资源方面的受托责任信息；⑤针对政府开展政务活动的资金使用情况，对政府的融资及偿债能力进行客观评价；⑥对政府部门提供的产品和服务的成本、效率进行合理评估。

Tom Allen（2002）对于权责发生制在政府会计中的应用也持肯定态度。他认为，会计信息使用者利用以权责发生制为基础编制的财务报表来评估政府财务责任会更准确、客观。但他同时也指出，收付实现制和修正的收付实现制预算会计和报告也同样具有使用的价值。这就是说，两种衡量机制都有其存在的意义，而事实上大多数的政府都将继续基于现金或短期基础来行使其职能。但是，它们需要注意政府提供的财务报表，只有做到反映其财务状况改变和运营的全过程，政府官员、投资者、纳税者才会依据政府提供的充分信息做出明智的决定。

第二，对权责发生制持怀疑态度。一部分专家、学者对于将政府会计的核算基础由收付实现制转向权责发生制存有疑虑，他们指出了一些权责发生制在应用时可能出现的问题。比如，因忽视现金流而产生缺乏客观性的结论；由于权责发生制的假设和相应会计准则的复杂性会导致信息透明度不高；财务报告编报方法不容易被会计人员所掌握；基于经济利益理论的资产概念并不适用于界定政府控制的资产；以权责发生制为基础的会计核算与报告系统相比收付实现制会计基础运作成本过高等。美国会计总署（GAO，2000）也认为：权责发生制预算所采用的财务报告准则和基本假设比较复杂，这会影响到信息的透明度。尽管现金流量表能够反映政府的借款需求，但权责发生制对于分析政策产生的影响方面仍然不能提供充分的信息。

（3）关于政府会计改革的实施过程

欧洲政府会计专家Klaus G. Lüder（1992）从政府会计改革国际比较的角度，在对6个工业化国家政府预算和会计系统的特征进行比较研究之后，提出了著名的有关公共部门会计改革的可能性模型（Contingency Model）。可能性模型重点在于尝试分析不同国家的主要政治、行政环境方面的特征及其可能对政府会计改革过程和结果带来的影响。研究结果表明，各国政府会计改革的路径、方式以及结果会因各国政府会计环境迥异而产生较大的差异。

在对Lüder可能性模型进行多次讨论、修改和拓展的基础上，Chan和

Jones等人从财务管理改革中各参与者的行为和态度的视角提出了全新的“财务管理改革过程模型”（FMR），用来探讨政府会计改革过程问题。相对于Lüder可能性模型而言，FMR模型保留了可能性模型分析框架中诸如刺激因素、制度安排等重要内容，但同时也修正了其中过于强调信息提供者“行为”的内容。此外，FMR模型还探讨了多步骤改革过程的可能性。

针对西方国家政府会计改革的实施效果，Jones、Lande和Lüder等（2012）对法国、德国、英国和美国4个国家在过去25年进行的权责发生制政府会计改革进行了比较。结果表明，4个国家的改革过程和技术并不一致，没有哪个国家的改革方法是最优的，并且，英国的改革最独特和激进。

2.2.2 国内政府会计改革研究文献回顾

我国学者对于政府会计问题的探讨由来已久，尤其是近几年随着政府会计领域改革取得了实质性进展，关于政府会计改革的理论和实务方面的探讨呈现出空前繁荣的局面。对于政府会计改革问题的研究涉及领域相当广泛，包括政府会计的目标、主体、会计核算基础、会计要素等理论问题的探讨，也包括对于政府会计准则、概念框架和会计系统构建的诸多探讨。下文中将侧重几个方面对我国政府会计改革研究文献进行回顾。

1）与改革政府会计核算基础相关的研究

在政府会计改革相关问题的探讨中，学者们争论最多的问题就是会计核算基础是否应由收付实现制向权责发生制转变。近年来，国内会计理论界对于政府会计的核算基础及其改革进行了研究讨论，主要观点包括：（1）政府会计宜采用收付实现制，不宜采用权责发生制；（2）实行修正的收付实现制，逐渐向权责发生制过渡；（3）实行修正的权责发生制，以完全的权责发生制作为长远目标；（4）渐进式地引入权责发生制。

肖鹏（2010）认为，在转向全面的权责发生制基础之前，我国政府会计可以先引入修正的收付实现制，过渡时期采用传统的收付实现制系统和权责发生制并存的制度，以确保政府会计和预算系统正常运行。尽管修正的权责发生制基础不能确认和记录全面的资产和负债信息，但仍可确认与记录主要的资产与负债类别，特别是可以为报告或有负债提供一个全面的框架。

北京市预算会计研究会政府会计课题组（2006）研究认为：政府会计的核算基础在总体上应当采用“双基础制”——基本业务采用收付实现制，个别事项采用权责发生制，部分项目采用收付实现制和权责发生制双基础制。

陈小悦、陈璇（2005）、陈胜群等（2002）的研究表明，权责发生制在反映和评价公共受托责任方面明显地优于现金制，而且越是从长期的观点以及政府责任的广泛性来评价政府，就越要实行彻底的应计制。

刘谊、廖莹毅（2004）指出：随着我国经济体制改革的日益深入，政府和市场在社会经济运行中的分工逐步明晰，政府职能的重点转向公共品的提供。与收付实现制相比，权责发生制会计基础为这种转型提供了更好的支撑。一方面，权责发生制基础上的预算会计对提供的产品、服务与成本、费用进行配比，使政府业绩更加透明，有利于广大纳税人及社会公众评价政府部门履行职能的状况以及它们的工作效率。另一方面，它还能对政府部门拥有的各种资源如建筑物、基础设施等各种固定资产、存货等进行清楚反映，对财政支出区分经常支出与资本支出，对各类固定资产计提折旧，促进了公共资源配置效率的提升，有利于政府部门的长期决策。

陈穗红等（2004）认为，相对于收付实现制而言，权责发生制在将成本与绩效成果进行合理的配比方面更具优势。它能更准确、全面地反映在一定时期内政府用在提供产品和服务上的成本。这对于加强管理者对产出和结果的责任，促进全面的绩效管理改革无疑是非常有利的。

陈胜群等（2002）认为，收付实现制政府会计基础所反映的受托责任狭窄，提供的财务信息有限且相关性较差，对于新公共管理体制和国际竞争环境下的政府绩效最大化目标、信息透明度问题、为社会公众维护国有资产的责任等，它可能无能为力，有时甚至会误导政府决策。

连小军（2017）认为，政府资产负债信息、收入费用信息以及现金流量信息等，难以全面反映政府的财务状况和运行效率，需要补充大量的非财务信息以及绩效信息。另外要加强财务会计与预算会计的协同，国际上已经进行了政府会计改革的国家（如美国、法国等），均在日常核算中采用收付实现制预算会计，而在编制政府财务报告时再调整为权责发生制会计。也就是说，日常会计核算以收付实现制为基础，年末再采用权责发生制对一些会计事项进行调整，如计提折旧费用等，以编制政府财务报告。

2）与构建政府会计系统相关的研究

对于如何构建我国的政府会计系统，近年来我国学者做了很多有益的研究。这些观点主要包括“二元论”“三元论”和“四元论”。

（1）持“二元论”观点的学者的研究

路军伟2007年在《基于公共受托责任的双轨制政府会计体系研究》中提出建立包括财务会计和预算会计在内的双轨制政府会计。此后，路军伟（2010）又提出，我国应首先立足于建立和完善政府会计系统，然后逐步建立和完善政府对外财务报告制度。建议我国当前及未来的政府会计改革，大体上应该依照“控制取向”到“管理取向”再到“报告取向”的顺序，实施渐进式改革。在实施控制取向改革过程中，我国政府会计将出现双轨制局面，即政府财务会计和政府预算会计并存。在实施管理取向改革过程中，尝试建立政府成本会计系统。

张琦等（2010）总结了2010年在中南财经政法大学召开的“政府会计改革重大理论问题研讨会”与会代表的观点，认为应逐步分离政府财务会计与预算会计。预算会计以反映预算编制与执行的全过程为目标，实现对预算资金运用的反映与控制职能；财务会计以反映政府财务状况与运营绩效为目标，对外披露财务报告并满足政府利益相关者的信息需求。

张小巍（2017）也认为，由于反映政府公共资源产权效益的会计系统需要结合政府业绩进行评估，因此，政府会计系统在实际运作过程中需要遵循“二元”结构体系，也就是所谓的政府预算会计与政府财务会计，这才是完善的政府会计系统。在政府会计改革过程中，“二元”结构体系的构建需要结合我国政府会计发展的实际情况，针对预算会计系统与财务会计系统的区别，明确不同会计系统的工作重点，使“二元”结构体系下的政府预算会计改革能够发挥应有作用。

（2）持“三元论”观点的学者的研究

滕绍娟（2008）主张以支出周期为框架构建全面的政府预算会计系统、以财务会计要素为框架构造政府财务会计系统和以绩效评价为目标构造政府成本会计系统。邓晴晴2007年在《政府成本会计问题研究》中也提出广义的政府会计应当包括政府预算会计、政府财务会计和政府成本会计。

（3）持“四元论”观点的学者的研究

陈劲松等（2008）主张建立包括政府预算会计、财务会计、成本会计和管理会计在内的政府会计系统。李媛等（2009）也持相同观点。

3）与政府财务报告改革相关的研究

政府财务报告作为整个政府会计系统的信息输出终端受到众多专家学者的关注。是借鉴国外经验重新构建我国的政府财务报告体系，还是根据我国实际情况在现有财务报告系统的基础上进行部分调整？学者们各抒己见，得出了很多有价值的研究结论。

通过对国外政府财务报告制度的研究，我国学者普遍认为目前我国的财务报告信息“过窄”，无法满足信息使用者的要求。李蕾、曹雨露（2004）全面分析了美国州和地方政府财务报告的三阶段的发展历史，即从基金财务报告模式到“金字塔”财务报告模式再到“双重”报告模式。李蕾、曹雨露在此基础上针对我国的具体情况做出了分析，认为我国目前还没有正式的政府财务报告，提出了构造合理的政府财务报告框架，规范报告内容，进而完善我国的政府财务报告体系的设想。黄志霞（2004）侧重对中国和新西兰在政府财务报告目标、使用者、信息质量、会计基础、披露主体和披露内容等进行了详细比较，进而得出结论认为，我国现有的政府预决算报告制度难以满足各方面信息使用者的需要，因此有必要建立与国际接轨、反映政府全部财务活动情况的财务报告制度。

在对我国政府财务报告的构成内容研究中，我国的学者也提出了很多设想。李建发、肖华（2004）认为，公共财务管理的要求决定了政府财务报告不只是反映预算收支情况及结果的预算会计报表或财政收支决算报告，而应是一个综合性的财务报告。它不仅能够全面反映政府公共部门财务活动情况、财务状况和公共资金使用情况，还能提供政府履行财务受托责任情况的相关信息。因此，他们提出，应当按照公共财务管理的需要对预算会计报表或财政收支决算报告进行改革，建立政府财务报告体系。常丽（2008）按照财务报告的一般范式，政府财务报告应包括财务报表、报表附注和其他（财务）报告三个部分。其中，政府整体层面的报表主要包括资产负债表、财务业绩表（收入支出表）和现金流量表；在政府财务报表附注中要侧重披露有关政府绩效的财务信息；其他（财务）报告主要指与政府财务状况直接相关或不直接相关的以文字分析说明为主的各种报告。周亚荣（2011）撰文指出，我国的政府财务报告应包括“资产负债表”“财务业绩表”和“政府部门成本耗费情况表”。此外，为了提供政府受托业绩方面的信息，可以把原来财政收支决算报告中决算说明书或财务情况说明书改进为政府会计报告的文字报告部分。具体包括：对预算执行情况的说明和对政府资产负债状况的说明。对于反映政府绩效的绩效报告的编制则可以首先设计“部门业绩指标表”，而对部门的公共项目绩效可设计“项目绩效衡量表”。

刘力（2016）认为，政府综合财务报告体系构建需要明确改革的进程是渐进式的，改革的目标是较为充分地披露政府绩效信息，改革的要点是加强非财务信息的披露。他认为要强化以绩效信息披露为导向改进政府综合财务报告就要建立统一完整的政府财务报告制度及其会计基础，在完善政府预算会计的基础上注重财务会计的引入，推进政府会计信息系统建设。

荆新（2017）认为，我国政府会计包括财务会计和预算会计的法律规范有《会计法》《预算法》和政府会计基本准则，以及一系列会计准则制度等。但缺乏与《企业财务会计报告条例》相类似的政府会计报告条例，作为制定政府会计准则的法规依据，有必要加以研究。

荆新（2018）进一步指出，在“互联网+”和大数据时代背景下，实现信息化系统的一体化整合，需要制定切实可行的建设规划和实施方案，沿着创新、变革、融合的道路，拥抱会计大格局，迎接美好的“大会计时代”。为此，需要政府会计信息化系统的整合升级。该整合升级基于政府治理理念，以会计信息系统和管理系统融合的思维，在预算会计、财务会计和成本会计系统整合的基础上，结合财务管理、资产管理、预算管理、内部控制体系，改进政府会计技术，以事项作为信息的基础单元。这已成为极富研究价值的重大课题。

2.2.3　文献评述

国内外学者对政府会计问题的探讨所取得的研究成果极大地推动了世界各国政府会计改革的进程。通过对国内外学者的研究文献的比较可以总结出以下结论：

1）在研究的深度方面

国外学者重视采用多种理论对政府会计问题进行研究，并呈现出跨学科研究的特征。从多学科角度对政府会计进行研究显然更能进一步开阔视野，避免陷入“就会计论会计”的困境；而我国的学者对于政府会计问题的探讨尽管涉及的领域较为广泛，但对问题的分析往往缺乏深度，未能从根本上揭示影响政府会计改革的相关因素。

2）在研究的方法方面

国外学者在政府会计问题的研究上强调方法的创新。通过理论模型和实证研究的方式，学者们得以对政府会计改革的效果及相关影响因素进行系统分析；而我国的学者目前对政府会计问题的探讨还多集中于规范研究，仅个别学者在尝试采用调查研究和实证研究的方法探讨政府会计问题，相信这将是我国学者在这个领域研究方法上进行创新的开端，今后将会有更多的经验研究的成果涌现出来。

3）在理论与实践结合程度方面

国外学者比较注重结合政府会计实践对相关问题进行有针对性的探讨。他们往往基于对政府会计实践中存在的问题展开研究，进而能够得出诸如会计环境不同会对政府会计改革产生不同的影响等研究结论；而我国的学者在这方面做得还不够好，理论研究经常表现为缺乏数据的支撑，没有从实践中发现问题并寻求解决的途径。这样一来，我国学者在理论方面展开的探讨就难以转化为实际的应用成果。

总之，国外学者对于政府会计问题的研究理论和研究方法对我国的政府会计改革有很好的借鉴和推动作用，值得我们进行深入分析和学习。

第 3 章

基于绩效管理构建政府会计体系的理论分析

政府在现代社会生活中究竟处于怎样的地位？2001 年诺贝尔经济学奖获得者斯蒂格利茨曾说过："从摇篮到坟墓，我们的生活无不受政府活动的影响。"在市场经济环境下，无论是对于市场失灵时局势的控制，还是对于宏观经济的调控，政府在社会生活的各个方面都发挥了重要的作用。政府作为一个非营利性的组织，有其独有的特征。政府的收入主要来源于税收，获取的方式是通过立法的形式强制征收；支出则主要用于提供公共物品和服务等，而政府提供的这些产品和服务属于公共物品，因此，基本不存在与企业竞争的问题。但也正因如此，不受市场规律约束的政府收支行为使得政府对于其收支状况并不像企业那样关注，在降低公共成本、提高行政绩效方面自然缺乏动力。这就需要对政府绩效进行合理评价，加强对政府行为的有效监督。然而，评估政府绩效并非易事，这与企业采用收益指标评估业绩不同，政府绩效评价标准的设定较为复杂。因此，为了更加科学、合理地评价政府绩效，加强政府绩效管理，应通过政府会计与财务报告系统在尽可能的范围内，提供更多、更全面地反映政府行为活动的信息。

3.1 基于政府绩效管理的分析

20世纪70年代，伴随着科技的高速发展，信息化、全球化成为这一时期世界环境变化的主要特征。西方各国为适应环境的变化，走出财政赤字的困境，提高本国的国际竞争力，相继掀起了一轮“政府再造”的浪潮。而这场改革浪潮的核心就是政府绩效管理的推广和应用。它以企业管理的理念为指导，大胆借鉴企业管理技术与激励手段；同时，将市场竞争机制引入政府管理，突出强调公共服务水平的提高。政府绩效管理的实施极大地提高了各国的行政效率，因而在解决财政困难和回应民众诉求等方面获得了显著的成效。

3.1.1 政府绩效管理与绩效评估的内涵

政府绩效管理与绩效评估是两个关系密切的概念，但二者在内涵上还是存在本质区别的，需要认真比较和辨别。

1）政府绩效管理的内涵界定

（1）政府绩效

“绩效”最早源于经济学上的一个概念，后来在人力资源管理方面被广泛运用。单纯从语义的角度看，《现代汉语词典》对绩效的定义是“成绩、成效”[①]。其中，“成绩”指“工作或学习的收获”[②]，突出主观获得的含义；“成效”指“功效或效果”[③]，突出客观影响的含义。也就是说，单从字面意义理解，绩效集中体现的是一种结果。这种结果不是单指绝对数“量”的概念，同时还包括相对数“率”的概念，即绩效应是效益和效率的完美结合。与英文相对应，与绩效语义较为贴近的是“performance”，意为“成绩和功效”。

“绩效”用于对政府行为效果的衡量，反映的是政府绩效。政府绩

① 中国社会科学院语言研究所词典编辑室. 现代汉语词典［M］. 3版. 北京：商务印书馆，1996：518.
② 中国社会科学院语言研究所词典编辑室. 现代汉语词典［M］. 3版. 北京：商务印书馆，1996：136.
③ 中国社会科学院语言研究所词典编辑室. 现代汉语词典［M］. 3版. 北京：商务印书馆，1996：137.

效，在西方也被称为“公共生产力”“国家生产力”“公共组织绩效”“政府业绩”“政府作为”等。通过绩效的语义去理解，政府绩效是指政府所做的成绩和所获得的效果，但政府绩效是将政府作为组织主体，对其行为进行绩效考评，考虑政府本身公共部门的性质，它就不仅仅体现为一种结果，更融入了实现这一结果的管理过程。因此，绩效除了是指工作结果或者产出的结果状态外，它更是一个综合性的范畴，强调管理的过程。政府绩效从结果上来说，体现为政府提供公共服务和进行社会管理的绩效表现，即政府“产出”的绩效；从过程上来说，体现为政府在行使职能过程中的绩效表现，即政府“过程”的绩效。

进一步分析会发现，它还包含政府成本、政府效率、政治稳定、社会进步、良性发展、持续运行等含义。给政府绩效下一个概括性的定义，它是指政府在社会管理活动中通过行使其功能、发挥其管理能力而实现的效率和效果。

（2）政府绩效管理

绩效管理被广泛运用于政府部门的管理实践是源于二十世纪七八十年代后发端于西方各国的“新公共管理运动”。政府绩效管理是以实现政府管理的“四E”——经济（Economic）、效率（Efficiency）、效益（Effectiveness）、公平（Equity）和“三R”——责任（Responsibility）、回应（Response）、代表性（Representation）为目标的全新的政府管理模式。[①]其中的“3E”，即经济、效率和效益作为核心内容，也是各国绩效审计中所指的三个重要标准。Palmer（1993）曾就此有过深入的分析：经济性是指政府取得物质和人力资源的成本（term）和条件（condition）；效率是指政府所提供的产品和服务与所使用的资源之间的关系；效益是指政府完成既定的任务或工作项目的程度与其全部目标（overall aims）之间的关系。一个经济性的政府能以最少的成本取得所需（appropriate）数量和质量的物质和人力资源；一个有效率的政府对于任何给定的资源能够最大化其产出，或者能以最小的投入达成一定数量和质量的产出。

① 肖小明，陶学荣. 试论政府绩效评估的“四E”与“三R”评估标准［J］. Journal of US-China Public Administration，2005，2（11）：19-21.

绩效管理的目的是将个人绩效和组织绩效整合在一起，使整个组织处于高激励、高服务质量的状态。美国“国家绩效管理小组”指出，绩效管理是“利用绩效信息协助设定同意的绩效目标，进行资源配置与优先顺序的安排，以告知管理者维持或者改变既定目标计划，并且报告成功符合目标的管理过程”。绩效管理可以看成是一种利用绩效标准、奖励和惩罚来激励公共组织的途径，而其中奖惩措施可以是经济性的，也可以是精神上的。

2）政府绩效评估的内涵界定

（1）绩效评估

绩效评估对应英文中的词汇有 performance evaluation、performance appraisal、performance assessment 等多个。也有的国内学者将其翻译为“绩效评价”，比较起来，这些中英文词汇所要表达的含义大致相近。综合来说，绩效评估是指依据既定的评价指标或标准对绩效目标的完成程度进行测定的过程。若详细划分的话，还可以根据绩效评估的不同对象对其进行区别定义。针对个人的绩效评估，主要是指通过系统的方法、原理来评定和测量员工在职务上的工作行为和工作成果；针对组织的绩效评估，主要是指对组织在某个时期工作所取得的成果从成绩和效益方面进行客观评价。

（2）政府绩效评估

政府绩效评估是政府绩效管理的一个重要环节，实施绩效管理的效果如何最终都要通过绩效评估体现出来。对于政府绩效评估的界定，中外学者曾做过很多探讨。国外学者比较有代表性的研究成果有如下几种观点。Prewitt（1980）对政府绩效评估的定义表述为“是根据管理的效率、能力、服务质量、公共责任和社会公众满意程度等方面的判断，对政府公共部门管理过程中投入、产出、中期成果和最终成果所反映的绩效进行评定和划分等级”。Foltin（1999）则认为：政府绩效评价是判断纳税人资源用于服务和行政管理项目是否有效的过程。尽管不同的学者针对政府绩效评估的界定有不同的见地，但政府绩效评价有助于政府工作效率的改善这一结论还是得到了广泛认可。美国会计总署（GAO）在2005年公布的一项公告中，给出的绩效评价定义为“一个监控与报告项目的成就，尤其是向预定目标的进展的过程”。GAO认为，评价要说明项目活动的类型或进展、项目提供的直接产品和服务，或产品或服务所带来的结果。这里所讲的“项目”，可以是有明确的目的或一整套目标的活动、事业、职能或政策。

国内学者对此也做了大量的探讨。杨皓然（2005）对政府绩效评估的定义是：根据政府效率、管理能力、管理成本和公众满意程度等方面进行分析与判断，对政府公共部门管理过程中的经济绩效、社会绩效、政治绩效进行评定和划分等级。政府绩效评估就是以经济、效率、效能、其职能和管理、服务社会中体现出来政府组织的奖惩结合起来的系统过程。曹荣、任闻宇、杨明波（2006）认为：政府绩效评估就是根据管理的效率、能力、服务质量、公共责任和社会公众满意程度等方面的判断，对政府部门管理过程中投入、产出、中期成果和最终成果所反映的绩效进行评定和划分等级。

综合国内外学者的主要观点，可以对政府绩效评估的内涵进行大致的概括：针对政府在各项政务活动中体现出来的管理能力、工作效率及社会满意度进行分析，进而对政府绩效所做的综合评定。政府绩效评估是一种注重结果的控制，是一种服务和顾客至上的管理机制。具体来说，政府绩效评估的内容主要包括政府绩效评估指标体系的设定、评估机制的运用、评估方式的选择、评估制度的制定等内容。

3.1.2 政府绩效管理的特征

政府绩效管理在本质上是一种追求公共产出最大化的运行机制。政府绩效管理与传统的行政管理相比，不仅在管理理念上有很大的变化，而且在管理方法上也更加注重创新。具体体现为以下几个方面：

1）适用范围广泛

绩效管理作为一种能够评价和改进政府行为结果的管理机制， 在新公共管理的改革过程中得到了普遍应用， 各国政府始终表现出对绩效管理的核心地位的认同，这也使得绩效管理成为“新公共管理运动”的重要内容。而究其原因，主要是源于绩效管理本身具有很强的价值融合性。无论世界各国政府在意识形态上有多大的差异，也不管改革的目标和改革的模式有多么大的差异，都不影响政府绩效管理在世界范围内的广泛应用。政府绩效管理不要求接纳者具有相同的价值观，只需关注公共资源的投入与绩效，因而其适用范围广泛，能够在世界各国政府管理实践中流行。

2）强调绩效评估

绩效评估作为绩效管理中的核心环节，在基础、技术、导向和推动等方面发挥着积极作用。政府绩效管理运行效果的实现离不开绩效评估。设计合理的绩效评估体系能够定期对公共组织和人员的绩效状况进行科学的测评，提供绩效管理信息，有助于管理者了解政府绩效水平，对在公共管理过程中是否科学地运用管理方法做出判断，进而可以有效地推进公共管理的持续改善。

3）重视管理方法

传统的政府行政管理虽然也讲求管理方法，但类似于行政手段、法律手段等行政管理方法还主要停留在理论层面，很少在实践中应用。政府绩效管理则更讲求目标与行动的一致性，努力探索操作性强的管理方法，并通过实际运用力求提高政府管理绩效。这就使得大量的企业绩效管理理念与方法融入政府管理活动中，为解决公共部门运行过程中出现的大量具体问题提供积极帮助。

4）突出多元服务主体

在传统政府行政管理中，政府扮演着公共物品的组织者和生产者双重角色，在公共服务的提供方面，强调政府是唯一的服务主体。而政府绩效管理则打破了这一服务主体的定位，认为政府作为公共物品的组织者不一定同时肩负生产者角色，为提高公共服务的质量，政府应尽可能地把提供公共服务的工作交给更加专业的社会组织来承担。因而，在政府绩效管理中体现出公共服务主体多元化的趋势。

5）追求优质服务理念

政府绩效管理以绩效为核心，其职责使命就是提供优质的公共服务。因而，政府的各项工作也必须以公众的需求为导向，侧重研究如何提供优质、高效的服务，关注管理的社会效应。因而，政府绩效管理对于更好地理顺政府与公众的关系，解除政府的公共受托责任起着至关重要的作用。

3.1.3 政府绩效管理的作用

综合分析，实施政府绩效管理的作用主要体现在以下几个方面：

1）实施政府绩效管理有利于我国经济结构的战略性调整

在过去很长一段时间，我国过分强调GDP增长速度，片面追求政府当期绩效的提高，忽视了经济发展的质量和效率，忽视了对自然环境和资源的保护，忽视了对政府行为远期绩效的考核，进而出现“政绩工程”“形象工程”的情况，造成大量重复建设、经济结构不合理、区域发展不协调等问题。建立、完善我国的政府绩效管理体制，可以引导政府行为向着追求经济长远发展，兼顾“速度”与“效率”的方向发展，进而加速实现我国经济结构的战略性调整的任务，保持经济协调发展。

2）实施政府绩效管理有利于我国转变经济增长方式

我国目前的经济增长方式还主要是粗放型增长模式，政府在经济决策中只关注产出，不考虑投入，忽视了政府支出的成本问题。由此造成我国经济发展主要依靠扩大投资规模和增加物质投入来实现，经济增长与资源、环境的矛盾越来越突出。实施政府绩效管理可以积极促进我国的经济增长方式向集约型方向转变，注重成本效益的考核，进而提高资源的使用效率，保护生态环境，实现全社会的可持续发展。

3）实施政府绩效管理有利于提高公众对政府行为的满意度

在科学发展观的指引下，建设服务型政府最重要的就是要以人民的满意度作为衡量政府执政能力和水平的评价标准。但当前我国政府的绩效评估主要集中在上级政府对下级政府绩效的评估，形式、渠道过于单一，广大人民群众作为政府服务的对象却不能有效地对政府行为进行监督和考评。因而，只有实施政府绩效管理，建立完善的政府绩效评估体制，才能为人民群众评价政府绩效广开渠道，使政府着眼于国家长远发展，真正为老百姓办实事。

3.1.4 政府绩效管理的构成体系

政府绩效管理是一个管理过程，其中包含着按时间序列顺次连接的绩效评估、绩效反馈、绩效沟通以及绩效改进等环节。在这个过程中，各个环节的顺利进行离不开政府绩效管理系统各个要素的相互配合和运作。构成政府绩效管理系统的具体要素包括政府绩效目标、绩效信息、绩效预算、绩效合同、绩效程序、绩效规制、绩效审计、绩效评估和绩效申诉等。

政府绩效目标是决定政府绩效有效性的关键因素。组织成员只有明确了所要达到的绩效目标，才能朝着该目标努力，进而实现政府绩效的改进。因此，政府绩效目标是政府绩效管理系统中的基础要素和首要环节。

政府绩效信息是政府绩效管理过程中非常重要的辅助工具，对于政府绩效的提高有着举足轻重的作用。一方面，政府绩效信息可以使公共政策的制定过程更加科学、合理，减少政策制定的不确定性；另一方面，绩效信息可以作为沟通的桥梁，增强政府部门与社会公众之间的相互了解，进而使政府能够更好地履行公共受托责任，为社会公众提供更加优良的公共服务。

政府绩效预算是关系到整个社会总交易成本高低的重要因素。绩效预算与传统预算最主要的区别在于，政府不仅要对财政支出（投入）负责，还要对产出绩效负责。绩效预算对于结果的关注是实现对整个绩效管理过程进行控制的关键。绩效预算的核心内容在于绩效评估。在绩效预算模式下，通过对各项预算计划的绩效水平进行评估，政府部门才能对预算方案进行比较和选择，由此才能实现削减财政赤字、压缩公共预算支出等目的。

政府绩效合同是指政府为达到改进公共管理、提升公共服务水平的目的，在处理内部要素及外部公共关系的过程中对相关的绩效做出的合同规范。它不同于传统管理中行政命令的单向实行的模式，而是采用合同化的管理模式对合同双方实行双向约束，被称为政府管理工具的一大创新。随着政府民主意识和成本观念的加强，很多西方国家都在尝试建立以合同为内在运行、协调机制的合同型政府。

政府绩效程序是政府为了提高其管理绩效而对行政程序进行不断改进或重新构建的过程。行政程序对于一个国家的政府行政管理是十分必要的。它一方面可以为政府管理预先提供能够参考的解决思路和操作规范；另一方面可以有效限制政府官员出于个人私利的考虑而侵蚀公共利益。此外，它还可以在政府管理的各项活动中将代表公众利益的权力机关的主要价值取向和价值标准贯穿于其中。但有了程序也不意味着万事大吉。程序的稳定性会束缚管理人员的主观能动性，甚至还会成为管理人员逃避责任、降低办事效率的借口。因此，只有实施政府绩效程序，对行政程序进行不断改进，才能真正实现政府绩效的提高。

政府绩效规制简单来说就是对规制的不断改革。规制本意是用法律、规章、制度、政策等进行规范和控制。政府规制作为政府对社会资源进行配置和对社会市场经济主体活动进行规范和约束的手段，对社会经济的发展有极为重要的影响。但并不是所有的规制都会产生绩效，只有产生了绩效的规制才能成为绩效规制。因此，为了适应社会生产力发展的需要，必然要求对原有的政府规制体制进行改革，剔除那些过时的、不符合社会发展要求的规制，以提高政府绩效。

政府绩效审计是指通过有效的绩效审计过程，对整个政府部门活动的经济性、效率性和效果性进行的客观的评价和审核。其目的在于增强政府活动的透明性，为有关各方进行决策提供有效信息。整个审计的过程要由独立的审计机关及工作人员利用专门的审计方法，依据一定的审计标准和程序来完成。

政府绩效评估是政府绩效管理中最为重要和关键的环节。它利用科学的标准、方法和程序对政府的工作及成果做出评价，对于提高政府的管理绩效有直接的促进功能。政府绩效评估可以充分体现绩效管理的价值取向，因此，可以帮助政府不断寻找新的目标导向。

政府绩效申诉是特定的组织依照法律或规章的要求，对公民、法人或其他组织提起的申诉进行审查、调查并提出解决问题办法的过程。它是与政府责任相互联系的一个范畴。政府绩效申诉的核心功能是维护和促进社会公平，而为了实现这一目标，要求设置相对独立的富有权力的组织机构，并由德才兼备的人员来完成。

3.2 基于公共受托责任的分析

公共受托责任是受托责任中的一种，深入理解其含义必须首先从受托责任的产生原因入手，分析受托责任与委托-代理问题之间的关系。

3.2.1 委托-代理理论与受托责任的产生

一般认为，受托责任是在财产的所有权与经营权分离，所有者不直接管理自己的财产而将财产托付给他人管理的情况下产生的。18世纪中期，随着英国工业革命的爆发，在全球范围内掀起了一场生产领域的革命热潮。企业的生产能力迅速提高，资本积累速度日益加快，由此催生了委托-代理关系。一方面，劳动和社会分工的逐步细化使得权利的拥有者受到精力和能力的限制，不能行使他们所拥有的全部权利；另一方面，大批拥有专业知识的代理者在专业化的分工过程中脱颖而出，他们有足够的优势能够代替权利所有者行使好权利。与此同时，股份制形式的公司应运而生。公司财产的所有权和经营权分离，资产所有者将资产委托给经营者，使经营者拥有使用资产和保管资产的权利。同时，经营者要定期向资产所有者报告资产情况及是否有效管理和合理运用了资产，受托责任因此而产生。

作为受托责任产生的基础，委托-代理关系实际上是一种在信息不对称条件下的契约关系。委托-代理理论（Principal-Agent Theory）是20世纪30年代由美国经济学家伯利和米恩斯提出的。两位学者发现将企业所有者和经营者的身份合二为一的做法问题很大，进而着手研究企业内部存在的激励问题以及信息不对称的问题，并最终提出了委托-代理理论。他们主张所有权和经营权应分离，企业所有者让渡经营权，而保留剩余权益要求权。这就要求企业的经营者作为受托人需要依照契约的要求向企业的所有者即委托人定期报告履行委托职责的情况。由此可见，受托责任正是基于委托-代理契约产生的必然结果。但需要明确的是，随着社会经济的发展，委托-代理关系并不仅仅局限于财产的委托经管这种契约关系。在我们的日常生活中，委托-代理关系几乎随处可见，如利益相关者与企业管理层、代表民意的有关民间组织与政府管理者之间的委托契约等。

3.2.2 受托责任的概念

正是由于委托-代理关系的广泛存在，受托责任引起了众多学者的关注，国内外学者对它的研究自其产生之初至今从未中断过。他们对于受托责任的概念看法不一，大体上可以分为以下三类：

1）强调报告义务

持此看法的学者认为，受托责任就是受托人向委托人应履行的报告义务。Gray和Jenkins在1986年发表的文章中表明了自己的看法：受托责任是向那些委托人列报并说明责任而履行的义务。与此类似，Martin提出的观点是：受托责任是指提供和接受报告（the giving and receiving of accounts），这说明受托责任反映的是两个团体之间的关系。但同时，强调报告义务观点的学者也认同“报告”的内容是基于“行为”得出的这一观点。也就是说，受托人向委托人进行报告，正是解释说明其行为及其结果的过程，从而表明其行为是符合委托人期望的。

在此基础上，部分学者把受托责任和行为的绩效联系起来。Romzek和Dubnick在《国际公共政策与行政百科全书》中指出，（受托）责任是一种关系，在这种关系中，个人或是单位在被授权的行动中有义务向授权者回答有关授权行动绩效的问题。另有部分学者（如Hood、Patton）认为，受托责任旨在通过目标与准则来计量实现的绩效，从而确认相关的责任。

2）强调履责行为

持此看法的学者们认为，受托责任重点强调的是受托人要履行好受托的任务，对其行为负责。如日本学者番场嘉一郎在《新版会计学大辞典》中将受托责任定义为：一定的经济主体赋予其财产管理者保管和运用所有财产的权限，并要求他们负起保管好、用好这些财产的责任。Romzek和Dubnick也指出，受托责任是指对行动或行为的责任，如果管理者和代理人被要求对其行动负责，则表明其是具有受托责任的。

3）同时强调报告和行为

随着研究的不断深入，一些学者意识到，全面理解受托责任的概念应从报告和行为两个方面入手，单纯强调某一方面都是片面的。鉴于此，他们将观点总结为：受托责任的内涵是受托人对行为负责，并提交报告据以说明其履责行为。其中有代表性的观点有：Mulgan认为，受托责任含义的核心是对行为负责，并做出说明；Robinson也指出，如果某人承担受托责任，那么就意味着他不仅要对其他团体负责，还要具体说明自己的行动。

在会计学领域对受托责任所做的研究中，我国杨时展教授对此有过精辟的见解："作为一个财务或者会计实体的责任人员，最主要的就是在于获得委托人的信任，为此，就要求他负起两种责任来：第一，把账目交代清楚。第二，按照委托人的愿望，保证受托财务的安全与增值。这两种责任，就构成了会计上所称的受托责任（accountability）。意思就是一个善良的受托人为受托财物向托付人应负的责任。"另外，蔡春也对受托责任进行了较深入的研究。他认为：受托（经济）责任就是按照特定要求或原则经管受托经济资源并报告其经管状况的义务，它包含四个方面的含义：一是受托责任存在于一种委托与受托关系之中；二是受托经济责任包括行为责任和报告责任两个方面，行为责任是指依照保全性、合法（规）性和效益性等原则要求负责经管受托经济资源，而报告责任则要求对行为责任履行的状况进行说明或反映；三是受托经济责任中"责任"从本质上说就是按特定要求行事，具体表现为按委托人要求经管受托经济资源和报告其经管状况；四是受托责任应具有可计量性，即能够通过货币形式或其他标准以计量，并通过一定的形式（如财务报告）对计量结果予以报告。在蔡春的上述观点中，他一直使用了"受托经济责任"的概念。实际上，这仅仅是受托责任的一种狭义的解释。这种说法来源于受托责任最早是由于经济资源的委托-代理关系产生这一事实，但随着社会经济的发展，受托责任有了更为广泛的含义，它不仅包含狭义上的经济责任，还涉及受托人对其所有利益关系人的责任，这些利益关系人是一个群体，除了特定的直接利益所有者外，也包括虽不具有法定所有权但与受托人所代表的组织有着某种经济或社会联系的其他关系人。

综上所述，笔者比较认同第三种观点，也就是说受托责任的理解应从报告责任和行为责任两个方面入手。从行为方面来说，受托责任要求受托人要在法律允许的范围内以委托人的利益为根本前提，根据与委托人达成的契约尽可能地完成委托人托付的任务；从报告方面来说，报告是委托人和受托人双方面的需求。站在委托人的角度，他要想了解受托人履行受托责任的情况，需要受托人提供相应的报告来说明；站在受托人的角度，他为了解除自己所承担的受托责任，也需要用报告的形式让委托人了解自己的工作过程及结果。一言以蔽之，行为是报告的实质内容，报告是解释行为的最佳载体。二者相辅相成，互补余缺。

3.2.3 公共部门委托-代理关系分析

公共部门委托-代理关系的构成较为复杂，因而决定了它所具有的特征也呈现出多样性。

1）公共部门委托-代理关系的构成

公共部门的委托-代理关系表现为政府部门外部和内部多层级的委托-代理关系。政府与社会公众的委托-代理关系作为外部的委托-代理关系，具体体现为：立法部门代表整个政府与公众达成委托-代理契约。欧文·休斯教授曾指出："公民与政府的关系可以看成是一种委托-代理关系，公民同意推举某人以其名义进行治理，但是必须满足公民的利益并且为公民服务。"也就是说，政府的治理建立在公民的委托授权的基础之上，政府官员是公民的代理人，他必须以公民的意愿来管理国家，必须按照公民的授权范围去行使职权。基于这种理论，政府必须履行公共服务之职能，恪守勤勉之义务，同时要接受公民的监督。

在我国的政治实践中，国家主权的拥有者是人民，国家的最高权力机关是全国人民代表大会，同时它也是我国的立法机关。全体社会公众的民意表达、财产管理都需要通过各级人民代表大会来完成。换言之，立法机关作为公众的代表，对政府进行监督，并批准和决定重大的国家事务。这样，政府与公众之间就形成了两级代理关系：公众与立法机构的委托-代理关系，立法机构与政府的次级委托-代理关系。然而，具体分析就会发现，政府作为公共部门，它的委托-代理关系是相当复杂的。单从立法机构与政府的委托-代理关系来分析，关系层次也较多，主要表现为：立法部门与行政部门之间的委托-代理关系；行政部门内部各层次的委托-代理关系，即上级与下级政府的委托-代理关系，政府财政部门与支出部门的委托-代理关系，政府部门与政府官员之间的委托-代理关系。

2）公共部门委托-代理关系的特征

（1）委托-代理成本高

社会公众作为公共资源的提供者将公共资源提供给政府各部门执行公务的资源直接使用者，其间的委托-代理链条长，层次复杂。而重重的委托与受托关系，必然导致信息不对称，资源使用效率损失增大，代理成本高。

（2）委托-代理契约模糊

政府为社会公众提供的公共商品和服务是长期性的，因此由公共部门委托-代理关系建立的契约也是长期性的。正是由于这个特殊性，使得在未来很长一段时间内影响契约执行的不确定性因素增多，同时也因为公共部门委托-代理关系链条过长，进而导致无论是契约的执行还是解除都存在较大的模糊性。

（3）委托-代理任务多元化

政府作为公共部门委托-代理关系中的代理人，在行使公共权力、运用公共资源时，承担委托的任务往往是多元化的。这就形成了多项任务交织在一起，工作目标也可能出现相互冲突的情况。这样就导致对政府部门绩效的监督与考评难以用单一的标准来衡量。

3.2.4　公共受托责任的概念、特征及构成

1）公共受托责任的概念

我们将私有领域中的受托责任称为私人受托责任（private accountability）或企业受托责任，将公共部门中的受托责任称为公共受托责任（public accountability）。如果说所有权与经营权的分离导致了经济受托责任的产生，那么民主社会制度的建立则导致了公共受托责任的出现。在现代社会，政府为了达到集中配置和使用社会公共资源的目的，需要履行民主政治程序，并经预算授权，依法强制征税和发行政府债券。而当社

会公众缴纳的税收作为公共资源交由政府管理和使用时，即意味着公众与政府间的委托-代理关系正式产生，政府则因受托管理公共资源承担了公共受托责任。Boyne和Williams（2003）也指出，政府一经产生即自然成为管理公共事务的主要组织形式，承担着广泛的受托责任。

进一步来讲，政府部门的受托责任具体可以分为外部受托责任和内部受托责任，这是依据其广泛存在的内部和外部的委托-代理关系划分的。从外部受托责任来看，它是由政府与民众的委托-代理关系形成的，这里的民众是公共权力和公共资源的委托人，政府是代理人；从内部的受托责任来看，它是由政府内部存在的多级委托-代理关系形成的，上级政府作为委托人将公共权力和公共资源委托给下级政府、政府部门和预算单位，于是下级政府、政府部门和预算单位便成为代理人。外部受托责任是对政府外部利益相关者的受托责任，主要通过财务会计系统实现，并以外部财务报告的形式对外披露。内部受托责任是内部各部门依据统一的法规和内部契约（如内部控制的规范等）产生的，需要履行有效使用、管理和报告资源的责任。

从受托责任的概念界定出发进行分析，公共部门因占有、使用公共资金而对民众负有受托责任，他们的责任是按照民众的意愿妥善管理、使用公共资金，并向民众报告。在我国，政府通过各级人民代表大会接受人民的委托，管理公共财产。政府为完成对人民负有的公共受托责任，就必须依照人民的意愿认真履行其所负的受托责任，并通过人民代表大会向人民报告其公共受托责任的履行结果。

Glynn（1993）指出，公共部门的受托责任就是指那些起草和（或）执行政策的人应该有义务就他们的行为向他们的选民做出解释。GAO认为，公共受托责任就是指受托管理并有权使用公共资源的机构向社会公众说明其全部活动情况的义务。最高审计机关亚洲组织（ASOSAI）认为，公共受托责任是指受托管理公共资源的机构报告管理这些资源及其有关的规划、控制和财务的责任。

2）公共受托责任的特征

前已述及，公共受托责任的形成源于委托-代理关系的存在，而正是由于委托-代理关系本身的特点决定了公共受托责任具有以下方面的特征。

(1) 政府行为难以监督

公共选择理论认为，政府部门也表现出“经济人”特性，会追逐各自不同的权力和利益。在形成公共受托责任的委托-代理关系中，政府部门内部各层次的委托人与代理人之间以及政府与公众之间的目标不完全一致。代理人往往会以牺牲委托人的利益为代价达到自身利益或效用最大化，通常表现在代理人会在契约签订之前事先隐藏信息，造成委托人的逆向选择；或在契约签订之后隐藏信息和行动，损害委托人的利益。例如，政府下游代理人通常会利用公共权力而滥用、浪费公共资源，进而出现道德风险问题。实际上，无论是逆向选择还是道德风险，其根源在于委托方与代理方的信息不对称。此外，由于政府与公众之间不仅存在着委托-代理关系，还存在着管理与被管理的关系，这就决定了公众在信息获取方面处于不利的地位。而上述问题产生的结果，是政府行为难以观测和监督，其自身缺少对委托-代理问题的自动约束机制。

(2) 政府行为难以评价

政府作为公共组织，必须履行其所肩负的公共受托责任，这在目标上与企业单纯追求获利相比有很大的不同。Hood（1995）等将政府的行为及目标归纳为：服务于全体公民而非顾客；追求公共利益，而非自身利益；关注市场，但不限于市场，还关注宪法和法令、社会价值观、政治行为准则、职业标准和公民利益；强调社会服务等。政府以服务于公众作为自己的目标，因而其行为相应地表现出多元化的趋势。从评价的角度讲，企业主要以经营业绩这一经济的、定量的指标进行衡量；政府行为的多元化，决定了其对政府行为的评价必然是复杂的，衡量和评价的指标既应包括经济的、定量的又应包括非经济的、非定量的。社会公众要想全面了解政府公共受托责任的履行情况，就必然要求建立政府绩效评价体系，从而提供全方位的绩效信息。

3）公共受托责任的构成

尽管政府所承担的公共受托责任从内部和外部来讲都是相当广泛的，但从公共受托责任的构成来看，可以划分为政治责任、管理责任和法律责任等，这也是20世纪80年代以后出现的众多种关于政府责任的观点中占主导地位的划分方法。希尔德（1983）在形成和发展其观点的过程中将以上三种类型的责任和由史密斯（1980）划分的九种类型的责任相结合，给出了关于政府责任划分的新思路。这种划分形式见表3-1。

表3-1 **公共受托责任的分类**

类别	再分类	
1.政治责任	（1）宪法责任	议会制度的特性
	（2）分权责任	控制权和责任的转移，如向地方权威机构的转移
	（3）咨询责任	受益方和压力集团的参与
2.管理责任	（1）商业责任	公有组织，其资金来源于使用者缴费而不是来源于预算拨款
	（2）资源管理责任	采纳将会提高非商业团体效率和效益的管理惯例
	（3）职业责任	公共部门雇用的职业团体的自我调节
3.法律责任	（1）司法责任	在受伤害的个人的鼓动下执行行为的评价，决议不应当超过法定的权限
	（2）准司法责任	行政处理权的控制，如通过检查裁决
	（3）诉讼责任	由一个外部的代理人，通常是由一个国会案情调查委员会所做出的评论

资料来源：格林. 公共部门财务管理［M］. 杨世伟，译. 北京：经济管理出版社，2002.

政府承担的广泛的受托责任中最基本、最重要的可以说是财务受托责任（financial accountabilities）。从一般意义上讲，“政府的财务受托责任是指各项收入来源或债券发行取得的财政资源应当按照其运用方面的限制来使用、依从预算、有效运用财政资源和资本资产的保全等方面的责任”。

政府代表国家的意志行使国民收入或资源的分配和再分配的权力，它对财政资源的征集则用于社会公共事务管理和进行经济建设等方面。这种资源的征集和运用要受到资源提供者及其代表、国家法律、法规、信托协议以及其他约定的限制。资源提供者及其代表将资源交给政府使用，政府有义务对资源使用的经济性、有效性和效果负责。由于政府的职能和作用，使它对社会负有广泛的财务受托责任。

3.2.5　政府公共受托责任解除的途径

1）有赖于政府财务报告信息的反映

从信息经济学角度看，受托责任一经产生必然在委托方与代理方之间存在信息不对称，通常受托责任的承担方拥有信息优势，而受托责任的授予方则为信息劣势方。双方由此产生了较大的分歧。为了解决这个问题，使受托方能够真正地解除受托责任，必须消除或者减少彼此间的信息不对称。这就要求拥有信息优势的受托责任方提供有关受托责任履行情况的信息，即增加政府提供的信息量，进而处在信息劣势方的委托人才能更好地对政府使用公共资源的情况进行监督。

由此可知，政府公共受托责任能否得到解除，关键是看社会公众对政府受托责任履行情况的衡量和评价。而公共受托责任的履行情况集中体现在政府绩效水平方面，因为它可以综合反映政府的各项行为及其结果。因此，政府公共受托责任的解除首先需要公众充分了解政府工作的绩效信息，并对政府公共受托责任的履行情况做出判断，在此基础上，如果社会公众认为政府行为符合预期或既定目标，则表明公众与政府间的委托-代理契约得到履行，责任解除。

实施政府绩效管理的核心工作是绩效测量。2006年，Jeffrey D. Straussman在文章中指出："绩效预算需要准确的数据和用于确定进度指标的概念意义达成一致，测量实际上是绩效预算建筑物群的中心建筑"。绩效测量是指使用量化指标来定期测量政府（部门）提供公共服务所做出的努力及其效果。政府绩效测量需要信息支持，除了宏观经济信息之外，政府财务信息是非常重要的一部分。陈志斌、周曙光（2017）认为：政府会计能够为国家治理主体提供信息支持，通过影响国家治理主体做出相关治理决策来促使其更好地履行治理职责，进而发挥政府会计的治理价值。根据发达国家绩效预算改革的经验，这些国家都进行了不同程度的政府会计改革，不断开发新的会计核算和信息披露技术，以便为绩效测量提供更为直接的信息来源。Boyne和Law（1991）认为，政府财务报告是社会公众可以获取的、关于政府财产保管责任的唯一综合性报告。A.普雷姆詹德也在《有效的政府会计》一书中提到："政府报告的重要性随着政治民主的发展而日益突出。当一个专制国家走向一个立法当局占重要地位的民主国家时，对政府的受托责任、决策的透明度以及法制的要求也随之加强，这就需要有良好的报告系统来说明政府是如何满足这些要求的。”

政府工作的绩效信息很大程度上有赖于政府财务报告，从本质上分析其原因会发现，“受托责任观”会计目标认为，会计正是为了解除特定主体承担的受托责任而产生的。政府会计也不应例外，其存在的目的应是最大限度地解除政府的公共受托责任，并解决民主政府中存在的委托-代理问题。政府财务报告是政府会计的“产品”，它向社会公众提供有助于分析和评价政府的受托业绩及受托责任履行情况的财务信息，信息使用者可以据此做出相关决策。政府财务报告在政府与社会公众之间架起一座重要的信息沟通桥梁，发挥着不容忽视的作用。政府就其公共财政资源的取得和运用情况提供财务报告，实际上就是向纳税人（资源提供者）、立法机关、社会公众和其他利益相关者报告其财务受托责任的履行情况。政府能否从公众利益出发选择行动很大程度上取决于是否建立了完善的政府财务报告制度。

政府财务报告作为公众获取政府绩效信息的主要平台，其出发点在于：一方面，由于政府行为的可观测性较差，社会公众难以准确地对政府及官员的业绩做出评价，而政府财务报告的恰当披露能够在一定程度上解决这一问题。另一方面，会计作为一种特有的货币化语言，提供定量财务信息是其本身所具有的基本功能。政府的各项职能活动情况经过会计系统的处理，就可以转化为反映政府资产存量、债务规模及其结构、财政收入和公共支出等方面的数据化信息。因此，会计系统对于解决政府绩效评价体系缺乏定量信息的瓶颈问题具有天生的优势。Phillips（2004）等学者也认为，定量绩效信息的缺乏已成为制约绩效评价理论与实务发展的瓶颈，脱离数据支持的评价体系无法准确地反映政府公共受托责任的履行情况。企业型的会计系统和基于此的财务分析体系能有效地为政府绩效评价提供支持，从而监察公共部门的委托-代理问题。

2）有赖于绩效导向的政府会计体系的构建

长期以来，我国并不存在真正意义上的政府会计，我们执行的包括财政总预算会计、行政单位会计和事业单位会计在内的预算会计体系，其核算的重点只是财政性资金的收支，不像美国、澳大利亚、新西兰等国是通过一套政府会计准则对政府以及组成主体所有的资产负债、运营业绩进行反映。政府公共受托责任要想获得解除，就必须使广大公众全面了解政府的工作情况，全面披露与评价政府绩效信息。因而，构建以绩效为导向的政府会计体系就显得十分必要。

众多学者的研究表明，政府绩效主要包括政府履责的整体能力、政府投入-产出与政府效率、政府行为的成果（或效果）三个方面（Bromwich，1990；Mwita，2000等）。其中，反映政府履责的整体能力需要政府会计体系能够完整提供政府资产、负债及净资产的相关信息；反映政府效率则需要政府在行使法定职能时耗费经济资源方面的具体信息，进而了解政府资源在投入方面是否存在无效或低效情况，为此，政府会计体系中引入政府成本会计对于政府投入-产出的合理确认和准确计量就显得非常重要；政府行为的成果不同于产出，它反映的是政府的行为对社会福利、经济发展和环境质量等方面的宏观影响。要想对此进行合理评价，不仅要有产出这一定量指标的数据支撑，还需要结合很多非财务指标综合进行判断。

由此可以看出，政府绩效信息的全面反映必然要求政府会计体系应以绩效管理为目标提供相应定量信息，主要包括：（1）政府预算执行情况的信息；（2）政府财务状况的信息；（3）政府营运绩效的信息。然而，我国多年实行的以收付实现制为基础的预算会计体系无法满足社会公众对公共部门绩效的更多诉求和期待。Alex Matheson（2002）认为，从深层次上来说，预算会计改革不仅是技术问题，其顺利推进还能够促进国家经济的发展、政府效率的改进，并且对政府绩效评估制度效用的发挥也有决定性影响，如果政府会计变革不成功，基于绩效导向的管理改革也就无法取得成功。为解决这一困境，以绩效管理为导向对现行预算会计体系进行全新打造，使得政府会计系统应能够提供更多有关资产、负债、收入、费用，乃至成本等信息，为公众评价政府公共受托责任的履行情况提供信息支持方为当务之急。

3.3 基于政府职能转变的分析

为适应不断发展变化的社会环境，政府传统的行政管理方式已渐渐转向了绩效管理方式，这种变化最直接的原因就是政府职能的转变。要进一步探究这一原因，首先要从对政府的认识入手。

3.3.1 政府及其特征

政府是国家权力的代表和执行机关。国家的存在是政府存在的前提。一般来说，国家是经济上占统治地位的阶级为了维护本阶级的利益对被统治阶级实行专政的工具。而要实现这一目的就必须要有强大的国家机器（如军队、警察、监狱）以及确保整个国家运行的各种国家机构，包括权力机构、行政机构、专政机构等。正如卢梭所言："国家是由于它自身而存在的，但政府只能是由于主权者而存在的""政府和主权者往往被人混淆，其实政府只不过是主权者的执行人"。

现代意义上的政府是国家权力机关授予其管理国家事务的机关。政府通常具有一定的组织结构和层级的划分。一般来说，政府作为组织主体通常具有如下特征：

1）利益相关者众多

利益相关者的概念比较难以界定，弗里曼和瑞德（1983）曾对利益相关者的本质做出了如下描述：利益相关者是能够影响一个组织目标的实现，或者他们自身受一个组织实现其目标的过程的影响。政府行为的影响无处不在，正如保罗·C.纳特所说的"无所不在的利益相关者"。无论是接受政府服务的特定个体，还是每个履行纳税义务的纳税者，也不管是作为全民代表的立法机构，还是每一个普通选民，都属于利益相关者范围。

2）政府活动目标具有非营利性和复杂性特点

企业作为营利性组织，利益最大化是其根本目的。而与之相反，政府是以服务社会、服务公众为宗旨的，非营利性是其最典型的特征。政府为了实现其基本宗旨，它的运营目标更具有模糊性、多元性和非量化性的特点，与企业的目标相比要复杂很多。保罗·C.纳特认为：“（政府）的长期目标和短期目标不断变化、复杂、相互冲突且难以界定，整体而言，最关注公平。”[①] Hood（1995）等将政府的行为及目标归纳为服务于全体公民而非顾客；追求公共利益，而非自身利益；关注市场，但不限于市场，还关注宪法和法令、社会价值观、政治行为准则、职业标准和公民利益；强调社会服务等。

3）政府大部分财务资源都无偿获得

政府大部分财务资源都是依靠权力强制征收的。税收收入是政府最主要的收入来源，一般会占到国家财政收入的九成左右。政府与其资源提供者之间并不存在等价交换关系，纳税人并非按其交纳税费的多少等额或等比例地得到政府服务。Robert J. Freeman和Craig D. Shoulders（1993）将政府的特征概括为：第一，其建立和运作的目的通常不在于营利，并且多数不需要缴纳所得税；第二，通常由其委托人共同拥有——所有权不以可出售或交易的权益份额证明；第三，其财务资源的提供者不一定直接或按比例接受该组织的服务或产品；第四，其主要的政策决定以及某些经营性决策的制定，通常是由选举或任命产生的权力机构投票来实现的。

4）政府业绩评价具有非经济性特征

政府提供的产品和服务主要是纯公共物品或自然垄断产品。政府提供的纯公共物品主要包括国防、基础研究和公共设施等，并且政府提供的这些产品或服务绝大多数是不能直接收费的。政府提供的自然垄断产品，价格也不是通过市场竞价形成的。总而言之，政府提供的公共物品或自然垄断产品这两类产品或服务都不符合一般的市场价值规律，与政府靠税收等形成的收入也毫无对应关系。因此，采用经营业绩类的经济性指标根本无法对政府的业绩进行客观反映。换言之，政府的业绩应主要从非经济性、非定量性角度进行评价。

3.3.2 政府职能的含义及特征

政府职能也是一个历史范畴，在不同的历史发展时期，即便是同一个

① 纳特. 公共和第三部门组织的战略管理：领导手册［M］. 陈振明，译. 北京：中国人民大学出版社，2001.

国家也会有不同的政府职能。古德诺（Goodnow，1900）认为，（政府）根本的职能是“国家意志的表达”，必要的职能是“国家意志的执行”。金太军教授（2002）认为：“可以把政府职能界定为政府在国家和社会生活中所承担的职责和功能。具体地说，就是政府作为国家行政机关，依法在国家的政治、经济以及其他社会事务的管理中所应履行的职责及其所应起到的作用”。简单来说，政府职能是指政府在管理国家事务中的基本职责和作用。具体表现为如下特征：

1）政府职能的硬约束性

政府职能的发挥体现着国家意志。政府作为职能发挥的主体是国家的行政机关，它在依照法律执行国家意志（即行使其职能）的过程中，其下达的行政指令对相关主体具有普遍约束力，要求无条件地服从，否则，它将对违反者通过国家强制力进行制裁。

2）政府职能的公共性

政府的非营利特性，决定了其对国家事务以及社会公共事务进行管理时所表现出的职能，与一般的社会组织管理相比具有明显的公共性。政府在行使职能过程中，其行为必须有利于社会大众，能为公众提供服务。

3）政府职能的系统性

政府活动的复杂多样要求政府职能不是单一的，而是一个结构复杂的职能体系。政府职能各部分之间是相互联系、相互作用、相互协调的关系，任何一个职能的不完善都会影响到其他职能的发挥。

4）政府职能的动态性

从自然规律来看，万事万物的运动都是绝对的，静止则是相对的。从这个意义上说，政府职能的转变是必然的。随着社会、经济等因素的发展变化，政府职能会不断调整和完善，从而打破原有的政府职能体系。不同社会形态国家的政府、同一国家不同历史阶段的政府，其职能的重点、内容、范围、行使方式都会随着环境的变化而改变。

3.3.3 政府职能的分类

对政府职能有很多种分类，分类标准不同，具体分类的方法自然不同。有代表性的分类主要有如下几种：第一，西奥多·洛伊（Theodore lowi，1974）将政府职能界定为四个方面——管制职能、再分配职能、分配职能以及宪法职能。[①]这四种类型的划分标准是政府权力强制性的差异。第二，政府职能也可以根据作用时期、作用环境的不同，分为一般职能和特殊职能。第三，政府职能按照发挥职责作用的立场不同，分为对内职能（维护公民权利、向社会提供公共物品等）和对外职能（维护国家主权和领土完整等）。第四，政府职能按照发挥职责作用的环节不同，分为计划、组织、协调、控制和监督等职能。第五，政府职能按照发挥职责作用的领域不同，分为政治、经济、文化和社会职能。

上述分类尽管形式多样，但无论如何分类，政府基本职能都离不开以下几点：

（1）社会基础研究和保障

具体包括：界定和保护财产权；保障合同执行；供应标准货币；制定有关专利、版权等方面的法律，维护法制和秩序；设计关税制度等。

（2）各种公共物品和公共服务的提供

比较有代表性的是国防、道路、桥梁、照明、垃圾处理、交通控制系统和其他基础设施的建设。公共物品用途广泛，在使用上具有非排他性，但这并不意味着公共物品全部都要由政府直接免费提供，政府也可以对道路、桥梁等进行收费，或者交由私营部门提供。

（3）利益冲突调解

具体包括：居民收入水平的平衡问题；童工使用的禁止规定；最低工资标准的设定；建立劳动保护制度等。

（4）保护个人基本生活水平

例如，减少失业，防止营养不良，保护残疾人、老年人、文盲和其他社会无助者等。

（5）保护竞争

例如，反对无序竞争、反对垄断、保护消费者、维护公平交易和合理定价等。

---

① 洛伊. 自由主义的终结［M］//登哈特. 公共组织理论. 北京：中国人民大学出版社，2003：146.

（6）保持经济稳定

政府通过预算、金融政策、工资和价格的控制降低经济的周期性波动带来的影响，保持经济稳定增长。

（7）保护自然资源

例如，防止浪费自然资源，保护自然环境等。具体措施包括：制定汽车尾气排放标准、设定污染控制标准等。

3.3.4 政府的主要经济职能

尽管政府职能多种多样，但各项职能的发挥都或多或少与政府的经济职能有关。此外，除了经济职能以外的其他职能在不同的社会环境下表现的形式大同小异，唯有政府的经济职能会随着社会的发展而不断地变化。因而，深入分析政府的经济职能就显得格外重要。

萨缪尔森和诺德豪斯（1985）认为，政府具有三个作用，即效率、平等和稳定。[①]效率主要体现在政府对市场失灵时的局势控制；平等主要体现在政府对资源的再分配等方面；稳定则体现在政府通过采取各种措施试图缓和经济周期中高峰至低谷的剧烈波动，从而减少失业和稳定通货膨胀，促进经济增长。Stiglitz（2000）认为，在当代社会，政府承担的典型职能包括：（1）提供公共物品和公共服务；（2）提供公共福利以实现社会公平；（3）进行宏观经济管理以促进经济稳定增长，保证高就业率和价格稳定；（4）实现代际公平；（5）环境保护；（6）管理政府资源和负债。在综合经济学家们这些观点的基础上，笔者认为，当代政府承担的主要经济职能包括以下三个方面：

1）防止市场失灵产生的负效应

尽管市场经济体制的核心是市场经济在遵循价值规律的基础上实现帕累托最优的一般均衡，但在这一过程中，通过市场这只“看不见的手”进行调节达到最优是有一定的先决条件的，如所有商品均为私人物品、信息对称、完全竞争等。当现实市场状况不能满足这些条件时，市场机制就可能无法自动实现经济资源配置的帕累托最优，从而产生“市场失灵”现

① 萨缪尔森，诺德豪斯．经济学［M］．高鸿业，等，译．12版．北京：中国发展出版社，1992．

象，其负效应直接表现为：（1）无法使经济中普遍存在的外部效果内部化；（2）无法有效地提供公共物品；（3）无法控制日渐增强的垄断趋势。防止上述市场失灵现象的发生正是政府经济职能中最核心的内容，具体包括如下几个方面：

第一，通过政府干预减少外部效果。外部效果又称溢出效应，通常是指在市场竞争中，由于某一个体的行为导致其他个体支付了额外的成本费用，但又没有给予相应的补偿，或者由于其活动使其他个体获得收益，但又没有从受益者那里获得应有的回报。外部效果根源于经济活动中个体成本与社会成本、个体收益与社会收益之间存在差异，即经济人个体经济行为存在外在影响，包括消费行为的外部（不）经济和生产行为的外部（不）经济。Stiglitz提出："只要存在外部性，资源配置就不是有效的。"解决外部性问题的方式之一是政府介入，办法主要有罚款、补贴、管制、界定产权等。

第二，由政府承担公共物品供应。公共物品本身无论从消费还是从收益来看都具有典型的非排他性。这就使得在消费公共物品的过程中容易出现"搭便车"现象，而在供给方面容易出现供给不足现象。因此，正是基于上述原因考虑，公共物品需要由政府直接提供。在实行市场经济的国家中，政府都对国防、交通运输、邮电通信、供水供电、环境保护、基础研究和公共教育等公共设施和公共服务进行大量的直接投资。并且，为保证政府提供公共物品的效率性，一般需要制定合理的政治决策程序、税收征集制度和财政支出计划。

第三，对垄断实行政府管制。垄断的存在必然会引起市场竞争的失衡，进而导致社会福利的缺失。因此，要保证市场竞争有序，政府必须对垄断实施管制。对于由规模经济带来的自然垄断，政府可以采取直接经营自然垄断行业的方法来解决；对于其他形式的垄断，政府可以通过对行业价格进行管制等方法来寻求解决途径。

2）组织社会收入的再分配

公平、公正是社会和谐发展的必要因素。而市场经济本身只能解决效率问题，保证资源配置的帕累托最优，却不能保证公平分配。萨缪尔森认为，分配不公正是市场机制本身所引起的。因为物品跟随的是货币选票，谁的出价最高，物品就属于谁，而并不遵循“谁最需要物品，物品就属于谁”的原则。这样，出现“一个富人的猫喝到的牛奶，也许正是一个穷人的孩子维持健康所必需的”的情况就不可避免了。因此，需要由政府进行初始资源的再分配，才能保证市场经济的公平。为此，各国政府普遍通过实施个人所得税累进税制、征收遗产税和建立社会保障制度等方式组织初始资源的再分配。政府只有从社会整体利益出发，对社会各阶层收入和财产的再分配进行调节，才能保证社会稳定协调发展。

3）调控宏观经济

宏观经济的波动问题是市场经济本身无法解决的另一个问题。新古典经济学曾认为微观机制可以自动解决宏观问题，但20世纪三十年代的世界经济危机的发生彻底否定了这一观点。由此产生了以凯恩斯为代表人物的财政政策理论和以弗里德曼为代表人物的货币政策理论。政府进行宏观调控的目标是实现国民经济的稳定增长，具体来说主要是实现物价稳定、充分就业和经济增长。

政府进行宏观调控的方式有多种，其中政府预算就是一项较为理想的调控方式。一方面，政府可以在预算收入中进行“内在稳定器”的制度安排。如税收的“内在稳定器”作用表现在：当经济增长时，税收收入以更快的速度增长；当经济衰退时，税收收入以更快的速度下降，从而起到自动稳定经济的作用。另一方面，由于一国经济的总水平主要由投资、消费以及政府支出决定，因此政府支出是决定宏观经济水平的重要因素，自然可以成为政府宏观调控的手段。如在经济不景气的时候，需要政府救济的支出也会增加，从而起到刺激总需求的作用。

此外，政府还可以采用货币政策、对外开放政策，调整产业结构以及通过不同手段的配合实现不同的宏观调控效果。

3.3.5 政府职能转变要求实施政府绩效管理

所谓政府职能转变，主要是指随着社会进步和经济发展，为了适应客观条件的变化，政府的职责和功能发生的转换、强化、创新和发展。从动态过程看，政府职能转变就是政府由正在履行的职能向应履行的职能转变的过程。

进入21世纪，世界发展大环境和经济形势出现了很多新变化、新特点，对政府会计领域的改革也产生了巨大的影响。我国学者在研究中发现，政府职能转换、公共财政改革、政府收支分类科目变化、政府绩效评价制度建设以及政府监督加强等与政府会计改革之间存在很强的内在联系。

2005年2月，国务院授权新华社公布了经过数次修订的《国务院工作规则》（以下简称《规则》）。修订后的《规则》中突出强调了政府的绩效性，并将公共服务列入政府的基本职能，这就意味着我国政府将进一步减少对经济的直接干预，由管理型政府转向服务型政府。

党的十七大以来，我们党和政府对经济社会发展规律的认识有了新的飞跃，进一步阐述了科学发展观，对全面建成小康社会提出了新要求，就经济建设、政治建设、文化建设和社会建设“四为一体”的中国特色社会主义事业总体布局做出了战略部署，明确了内政、外交、国防等重大战略任务。其中，十七大报告的亮点和重点之一就是科学发展观。科学发展观是党的十六大以来在经济社会发展中不断实践、不断总结的成果，是党的三代中央领导集体关于发展的重要思想的继承和发展，是马克思主义关于发展的世界观和方法论的集中体现，是我国经济社会发展的重要指导方针，是发展中国特色社会主义必须坚持和贯彻的重大战略思想。科学发展观核心内涵是指：“坚持以人为本，树立全面、协调、可持续的发展观，促进经济社会和人的全面发展。”其中，发展是第一要务，以人为本是其核心内容，而全面、协调、可持续是其基本要求，促进经济社会和人的全面发展是最终的目的。

为全面贯彻科学发展观，全面建成小康社会，政府职能的转变是其中非常关键的环节。而政府从以往的管制型职能向服务型职能转变，建设服务型政府正是我国政府职能转变的基本方向和重要目标。一般认为，“服务型政府是在公民本位、社会本位理念指导下，在社会民主秩序的框架下，通过法定程序，按照公民意志组建起来的以公民服务为宗旨并承担服务责任的政府”。[①]“服务是服务型政府的本质。”[②]由此可见，政府职能的

① 刘熙瑞. 服务型政府——经济全球化背景下中国政府改革的目标选择［J］. 中国行政管理，2002（7）：5-7.

② 石国亮. 服务型政府［M］. 北京：研究出版社，2008.

转变要求政府在以“公民至上”理念的指导下，为社会提供公共物品和公共服务，切实履行“经济调节、市场监管、社会管理、公共服务”的职能。然而，政府服务于公众的目标是否达成？服务效果是否得到公众的认同？显然，这需要对政府工作进行科学、客观的评价和衡量。因此，建设服务型政府、转变政府职能客观上要求对政府的各项行为进行绩效管理，通过政府绩效评估体制促进政府提高服务公众的质量和水平。

例如，政府在处理突然发生的如地震、流行病、经济波动、恐怖活动等对社会公共生活与社会秩序造成重大冲击的事件中，对所投入的大量财政资金和非财政资金的使用过程结果进行及时、全面、客观地反映，应是政府会计的重要职能和责任；政府会计以政府财务报告为其所提供信息的主要载体，就必须通过适当的改进来满足社会公众在政府公共危机管理方面监督其行为、评价其绩效的信息需求。否则，如果管理不到位或缺位、政府会计没有及时反应跟进、政府会计提供与报告的信息不完整（失真或缺失），那么将无法向公众交代清楚整个公共危机管理过程中的财务收支状况、投入产出与效率情况、政府履责整体能力等。

政府职能的转变要求建立完善的政府绩效管理体制，而为达成这一目的，以绩效管理为导向建立政府会计体系就显得十分必要。在公共财政体制下，要保证财政资金使用的有效性，考察部门预算的合理性及其执行效果，分析政府采购成本的公允性都需要相应的政府会计信息作支撑。此外，要建立起科学、合理的政府绩效评价体系，更离不开政府会计的改革和政府财务报告所提供的信息。会计作为一项管理活动，它以其特有的数字语言，可以客观地反映政府多元化行为及其结果的全貌，弥补政府行为可观测性缺乏的问题，为政府的绩效管理提供有力的数据支撑，为绩效考评提供考核依据。因此，只有结合当前我国政府绩效管理的需要建立合理的政府会计体系，才能更好地实现我国服务型政府职能的转变。

第 4 章

国外政府会计改革的经验及借鉴

自20世纪80年代开始，西方国家（尤其是OECD国家）兴起了以权责发生制为主线的政府会计改革浪潮，到了90年代更是出现了迅猛发展的势头。至21世纪初，OECD国家中已有一半以上改革了政府会计核算基础，选择采用权责发生制。而且，其余的很多OECD国家也正在计划进行这方面的改革。不仅如此，亚洲、非洲和南美洲的一些国家同样也在追随这股时代潮流。尽管不同的国家进行政府会计改革的原因、过程不尽相同，然而，作为一种时代潮流，各个国家的改革必然有着某些共同的驱动因素。通过借鉴世界各国政府会计改革的经验，可以为我国政府会计改革带来很多启示，避免付出一些不必要的改革成本。

Chan（2001）按照政府会计与传统的公共预算之间的不同关系，将政府会计分为美国模式、英国模式和德法模式三大类。其中，美国模式的政府会计以美国为代表。美国政府会计改革兼顾了预算和会计两方面，是一种折中的思路。政府会计体系虽然仍通过基金的形式监督预算的执行，但会计本身并不依附于预算。财务报告侧重于满足实际或潜在的外部使用者的需求。英国模式的政府会计以新西兰、澳大利亚、加拿大和英国为代表。该模式下的政府会计基本实现了与传统预算的分离，采取了权责发生制会计与预算体系（accrual accounting and budgeting systems，AABS），即政府包括预算在内的所有活动都采用了权责发生制基础。新西兰是世界上最早在政府会计中引入权责发生制的国家。20世纪80年代初，新西兰为了缓解财政危机，在公共部门推行了一系列改革，一改往日强调对法令和预算的遵循，转为重视部门的绩效与受托责任。为了配合公共领域的改革，新西兰政府会计系统决定全面引入权责发生制。1989—1994年，新西兰政府构建了基于权责发生制的财务管理和预算系统。澳大利亚、加拿大和英国政府会计改革的情况都与新西兰相类似。德法模式的政府会计以德国和法国为代表，大部分欧洲大陆国家都采用了这一模式。这种模式下的政府会计的主要目标是行政控制，因此，政府会计从本质上说是依附于预算体系的，这集中体现在以收付实现制为基础记录预算用途方面。

4.1 国外政府会计改革的主要内容

国外政府会计改革的内容涉及广泛，下面针对上述三种基本模式以其代表性国家的情况为例进行分析。

4.1.1 美国模式的政府会计改革

美国作为一个典型联邦制国家，其联邦政府与州和地方政府之间有明确的事权和财权的划分，这对美国的政府会计产生了深远的影响。联邦政府有自己的财政法律和制度，各州也有自己的财政法律和制度，应用于其管辖范围内的州和地方政府。由于中央政府对地方政府的监督控制权较弱，美国州和地方政府的作用相对独立，其财务状况更受公众关注，所以州和地方政府所承受的外部压力较大，从而迫使其不断提高财务信息质量，推动其政府会计的改进进程。从20世纪六七十年代开始，美国州和地方政府会计体系就一直处于改进和完善之中。

1）美国州和地方政府会计改革

早在1890—1920年，美国州和地方政府会计就经历了第一次大规模改革。这次政府会计的改革主要由企业界对政府反腐败的要求推动。在这一时期，政府第一次接受了会计职业界制定的会计准则。会计准则强调统一的会计规范，以便进行统计和比较。重视政府持续经营能力，注重资产负债表，从而要求采用应计制基础和复式记账。这时的政府会计模式更接近于企业会计模式，并加入了基金会计和预算会计的成分。1930—1970年的政府会计改革主要由支持财务管理的要求推动。1968年发布的政府会计、审计和财务报告第一次把会计、财务报告、审计以及预算结合在一起。它对基金种类进行了调整，并改应计制为修正应计制，形成了适用于政府机构的GAAP。第三次政府会计改革的大潮于20世纪70年代掀起，强调政府会计在受托责任方面的功能。这次改革的主要内容是建立"金字塔"结构的财务报告或称为综合财务报告体系（如图4-1所示），重新划分基金类型，进行预算比较，并开展概念框架的研究。

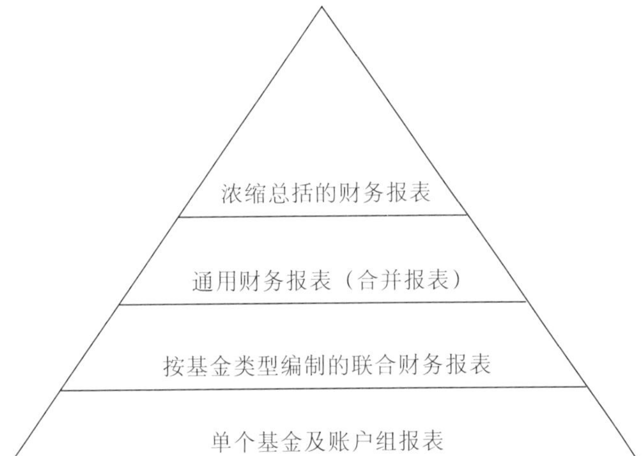

图4-1　"金字塔"式财务报表结构

在图4-1中，从上至下的四个层面的财务报表位置越高意味着该报表的综合、概括程度越强，位置越低则表明报表越细化、复杂。其中，位于"金字塔"顶部第一层面的财务报表是高度浓缩和概括的财务情况总表，它只提供反映政府财务收支情况和结果的主要财务指标；位于第二层面的通用财务报表是经合并后较为概括的财务报表，侧重反映政府主要财务收支情况、资产负债情况和现金流量情况；位于第三层面的按基金类型编制的联合财务报表是以基金类别为标准，分别合并提供政府各类基金财务收支、资产负债和现金流量等基本情况；位于最底部的第四层面的单个基金及账户组报表则要求在基金类别财务报表的基础上，进一步提供每一个基金和账户组的财务收支情况、资产负债状况、现金流量和其他情况。如果有必要，这一层面的报表还需提供大量详细的包括政府每一笔重大交易或事项的细节情况。

至于财务报表附注，主要是针对政府运营情况及财务报表作更详细的解释和补充说明。同时，在财务报表附注部分还需提供许多必要的附表。由此可见，这种财务报表的结构可以在很大程度上实现满足各个层次和各种使用者的一般和特殊的需求的目的。

美国州和地方政府财务报告改革的最新成果体现在GASB第34号公告中，它建立了全新的报告模式，同时要求列报基金财务报表和政府整体财务报表，还要求管理层讨论和分析对政府财务活动进行总体说明；要求编制政府层面的整体合并财务报表，报表以经济资源计量为中心，采用完全的应计制作为确认基础。

2）美国联邦政府会计改革

美国联邦政府会计领域也同样一直致力于政府财务报告方面的改革。正如2009年报告所展示的那样，美国政府合并财务报告（Consolidated Financial Reports）由以下主要部分组成：

（1）以简单易懂的方式提供摘要信息的公民指南（Citizen's Guide）。

（2）管理层讨论与分析（Management's Discussion and Analysis）提供高级管理层对披露信息的说明，以及对影响政府财政状况的事件（如金融危机和经济衰退）的看法。

（3）政府问责署（Government Accountability Office）的审计报告展示政府问责署对财务报表的审计结果和拒绝发表审计意见（disclaimer）的原因。

（4）主要财务报表（Principal Financial Statements）展示联邦政府的财务各方面的财务资料。

（5）财务报表附注（Notes）作为财务报表必要的组成部分，提供报表中报告信息的重要披露和细节。

（6）补充信息（Supplemental Information）提供有关联邦政府财政运营某些方面（如社会保险）的补充信息。

（7）广义资产维护信息（stewardship information）提供有关联邦政府

没有反映在资产负债表中的投资信息。

（8）附录（Appendices）提供额外的详细信息。

（9）6张合并财务报表。以2009财政年度为例，美国政府发布6张合并财务报表如下：净成本表（Statement of Net Cost）、运营与净资产变动表（Statement of Operations and Change in Net Position）、净营运成本和统一预算赤字协调表（Reconciliation of Net Operating Cost and Unified Budget Deficit）、统一预算和其他活动现金余额变动表（Statement of Changes in Cash Balance from Unified Budget and Other Activities）、资产负债表（Balance Sheets）和社会保险表（Statement of Social Insurance）。

在上述这些报表中没有现金流量表（statement of cash flows）。但是，美国财政部另外发布了现金收入、支出和余额联合报表（combined statement of cash receipts，outlays and balances）。

近年来，美国政府合并财务报告构成又有了新的变化。政府合并财务报告主要由以下三部分组成：合并财务报告分为序言、财务报表及附注和其他未经审计增补的报表及信息。其中，财务报表主要包括7张财务报表，即资产负债表、净成本表、运营与净资产变动表、统一预算和其他活动现金余额变动表、净运营成本与统一预算赤字协调表、社会保险表以及社会保险总量变动表。[①]与之前相比，增加了社会保险总量变动表。2015年和2016年美国政府财务报告中加入了长期财政预算报表[②]，目前财务报告包含的主要报表数量增加到8张。

3）美国政府成本会计的发展

除此之外，美国还非常重视政府成本会计的发展，尤其是在法规制定方面比其他国家更是领先一筹。例如，美国《1990年首席财务官法案》（CFO）中，包含了很多成本会计的条款，其中有一条规定政府机构的财务官应建立与维护一套完整的财务会计管理系统以报告成本信息。联邦会计准则咨询委员会（FASAB）第4号准则公告《联邦政府管理成本会计概

① GAO.Financial Reports of the U.S. Government [EB/OL]. [2018-08-09]. https://www.gao.gov/assets/670/668739.pdf.

② GAO.Financial Reports of the U.S. Government [EB/OL]. [2018-08-09]. https://www.gao.gov/assets/680/675425.pdf.

念与准则》和“联邦财务管理改进项目”（JFMIP）的《联邦财务管理系统框架》要求政府建立管理成本会计（MCA）准则与系统，旨在为联邦项目的活动和产出提供全面的成本信息。在此基础上的《1996年联邦政府财务管理改进法案》提及执行首席财务官法案的机构必须执行联邦会计准则，运行联邦财务管理制度。同时，一些权威组织亦发布会计准则、制度与相关指南，强调成本信息与成本管理在联邦政府中的重要性。这些组织包括：国会、联邦会计准则咨询委员会（FASAB）和管理与预算局（OMB）。

4.1.2 英国模式的政府会计改革

英国和澳大利亚是英国模式的政府会计改革的代表国家，下文中将分别对这两个国家政府会计的改革原因和改进情况进行分析和总结。

1）英国政府会计的改革原因和改进情况

尽管英国的宪法通常被认为是“不明确的、模糊的和不稳定的”[①]，但一般还是将英国视为一个实行君主立宪制的单一体（非联邦体）国家。英国中央政府的财政部负责管理中央政府的资产、负债、收入、费用和现金流量等，是中央政府财务、预算和会计的核心。英国地方政府隶属于中央政府，所以地方政府会计要满足中央宏观经济管理的需要。

英国在政府财务报告改革中采用了一套称为“资源会计与预算（RAB）”的系统。1994年7月，一份题为《为优化纳税人资金而进行的会计核算：在政府中实施资源会计与预算》的文件发布，其中对资源会计和预算会计定义如下：“资源会计的概念包括用于报告英国中央政府支出的一整套权责发生制会计技术，一整套针对各个部门的目标，并且在可能的情况下将其与各个部门的产出相挂钩的支出分析框架。资源预算是以资源会计为基础的公共支出的规划和控制职能。”根据这一定义，英国政府建议以英国公认会计准则为基础制定各个部门预算会计所应遵循的会计准则与会计惯例。同时这些会计规范还要符合经过调整适用于中央政府与议会控制企业的1985年《公司法》中关于核算与披露的要求（这些要求原

---

① 财政部. 欧洲政府会计与预算改革［M］. 大连：东北财经大学出版社，2005.

本适用于私人部门）和各项会计原则。英国政府这样做的初衷就是要实现公共部门与私人部门在会计实务方面的一致性。因此，政府还建议各个部门都要编制一套合并的资源报表，其公开的财务报告应该附有“真实而公允”的审计意见，而根据现金制编制的报告应附有“表述合理”的审计意见。

1996年，财务报告咨询委员会（FRAB）成立，其宗旨是确保资源报表符合英国公认会计准则所提出的尽可能完善的财务报告标准。它的首要任务是就应用《资源会计手册》中财务报告准则与标准的问题向财政部提供咨询建议。这些规范被用作部门资源报表编制的基础。资源会计与预算系统将分别为政府各部门以及政府整体提供财务报告。部门财务报告根据标准的商业性的资产负债表和损益表的模式编制，但由于要反映中央政府的构成与性质，因此在许多方面又与其有所不同。同时按照广义的政府的概念，覆盖整个公共部门，编制政府整体报表。在英国政府公布的时间表中，1997年4月1日，政府大多数部门开始实行资源会计，到1998年4月1日，推广到所有的部门。1999—2000财政年度，首次公布资源报表，并报送议会。2005—2006财政年度，政府整体报表开发完成并开始编报。按照这一规划，1999年英国正式起草了政府资源会计议案，2000年7月议会通过并正式颁布了《政府资源与会计法案2000》，由此标志英国政府会计权责发生制改革的成功。

由于英国公认会计准则受国际会计准则的影响处于不断发展变化中，资源会计的实践与政府新的工作对资源会计提出了新的要求，因此，资源会计引入英国后一直处于变化发展过程中。为此，英国每年公布新版的《资源会计手册》确保对于变革的研讨程序以文件形式公布，从而使有关各方都能理解掌握。

自20世纪70年代以来，英国地方政府的预算和会计的发展趋势更加接近企业会计，主要表现为各个地方政府要编制政府整体合并财务报表，而预算仅仅作为一个过程性的比较。因此，预算成了一个独立而公开的程序，它现在已经不再成为正式财务会计系统的一部分。

英国资源会计的实行对政府财务报告的编制也提出了要求。《政府财务报告手册》规定资源报告主要由年度工作报告、会计主管职责公告、内部控制声明、主要财务报表及附注以及审计报告五部分组成，其中资源报告的核心部分是主要财务报表及附注。

2）澳大利亚政府会计的改革原因和改进情况

（1）改革原因

澳大利亚是一个联邦制国家，包括6个州和2个行政区。州和行政区都有自己的财务管理法规，而且各层次的财政部门有权制定其他会计规则以形成对统一会计准则的补充。澳大利亚政府会计改革是在外贸恶化、利率提高、外国资本流入锐减、赤字压力过大的背景下展开的，澳大利亚政府被迫寻求激烈的调整政策，以求保证财政的稳定，恢复国际收支平衡，并进一步提高资源利用的效率，促进经济增长与社会发展。[①]这些政策调整包括：紧缩政府开支，进行税制改革，改进公共支出的管理技术。为了实现上述改革目标，澳大利亚实施了全方位的公共管理改革，由此带动了政府会计大刀阔斧式的变革。

（2）改进情况

自1994—1995财政年度开始，澳大利亚在政府会计中引入权责发生制，要求政府以权责发生制为基础编制财务报表。从1999—2000财政年度起，年度预算也引入权责发生制。澳大利亚对计量基础的改进经历了先会计改进再预算改进的过程。在此期间，澳大利亚先后发布了《澳大利亚会计准则第27号——地方政府财务报告》（AAS27）、《澳大利亚会计准则第29号——政府部门财务报告》（AAS29）和《澳大利亚会计准则第31号——政府财务报告》（AAS31）。AAS27、AAS29、AAS31均采用完全的权责发生制。

AAS27、AAS29、AAS31旨在规范通用目的财务报告的内容与格式。这三个准则对目标的界定援引了《会计概念公告第2号——通用目的财务报告的目标》的规定。《会计概念公告第2号——通用目的财务报告的目标》指出，通用目的财务报告应当为其使用者提供有用的信息，从而有助于使用者制定或评价其资源配置决策，也有助于报告主体管理统辖机构解

① 刘国平，蒋宝恩．世界各国经济概况［M］．北京：经济科学出版社，2001．

除受托责任；同时强调相关性和受托责任。因此，地方政府、政府部门和州政府的通用目的财务报告应提供运营业绩、财务状况、融资与投资以及符合性情况等信息。

根据澳大利亚的《会计概念公告第1号——报告主体的界定》的内容，“报告主体”是指编制财务报告的主体（包括经济主体），可以合理地预期有使用者需要该主体编制通用目的财务报告以提供帮助使用者制定或评价其资源配置决策的有用信息。这说明报告主体的确定是使用者信息需求导向的，也就是说法定机构或其他组织本身并不作为报告主体，只有可以合理预期存在使用者需求时，才能被视为报告主体。这也意味着联邦政府、州政府、行政区政府、每一个地方政府以及大部分政府部门都应被视为通用目的财务报告的报告主体，同时也意味着地方政府或政府部门控制的某些主体或由受控制主体构成的团体也可以被视为通用目的财务报告的报告主体——只要能够合理预期存在使用者的信息需求即可。

根据AAS27的规定，地方政府应该编制合并财务报表。地方政府合并财务报表通过汇总政府主管机构的基金、公司和其他主体的个别报表编制而成，合并报表编制过程中应消除主体间交易的影响。地方政府编制的合并报表主要包括：运营报表、财务状况表、权益变动表、现金流量表；AAS29要求地方政府编制的合并财务报表主要包括运营报表、财务状况表和现金流量表；AAS31再次强调了政府应当遵循《澳大利亚会计准则第24号——合并财务报告》，编制合并报表，包括运营报表、财务状况表和现金流量表。

（3）澳大利亚政府财务报告改革的发展趋势

近年来，要求修改AAS27、AAS29和AAS31的呼声越来越高，根据最新的发展态势，澳大利亚正着手改进《澳大利亚会计准则第31号——政府财务报告》，力求与国际公共部门会计准则和澳大利亚政府财政统计相协调。尽管目前澳大利亚会计准则委员会还没有公布对AAS31的正式文件，但根据2002年8月的会议，澳大利亚会计准则委员会准备撤销《澳大利亚会计准则第31号——政府财务报告》中的若干规定，要求政府执行其他澳大利亚会计准则的相关规定。

目前，澳大利亚各级政府达成了概念共识，在政府财务信息的披露中，权责发生制会计是适当的测量方法，合并是首选的披露方式，应该在外部报告中编制三个基本财务报表：资产负债表、运营表和现金流量表。这三张财务报表适用的部门分别是广义政府部门、公共非金融公司部门、非金融公共部门和公共金融公司部门。此外，澳大利亚政府也接受权责发生制预算测量和报告。对于合并报表方面，澳大利亚政府披露按部门编制的年度合并财务报表，合并范围包括一般政府部门、非金融公司、金融公司。财务报表包括运营表、资产负债表和现金流量表。

4.1.3　德法模式的政府会计改革

下文中将具体分析法国和德国的政府会计改革的原因和改进的情况，以探究德法模式的政府会计改革对于我国的借鉴价值。

1）法国政府会计的改革原因和改进情况

（1）改革原因

根据1958年颁布执行的宪法规定，法国实行总统制，立法、行政、司法三权分立。但同时，超过80%的公共财政支出均由中央政府控制，体现了法国的财权具有高度集权的特征。长期以来，法国国会都无法对预算的制定和执行做到全面掌控，加之政府会计核算的内容不完整，很多收支项目都未纳入预算管理。在此背景下，从20世纪90年代中期起，法国国内的领导阶层回应社会各界对于政府财政透明度不高和政府财务报告信息的不全面产生的改革呼声，发起了改革中央政府预算和会计的行动。

（2）改进情况

法国的政府会计改革是一种典型的渐进式改革。法国政府在总结世界各国的政府会计改革经验和详细分析本国实际情况的基础上做出判断，认为政府会计核算基础由收付实现制转向权责发生制将是时间跨度为8～10年的一个漫长过程。尽管法国在2001年的宪法草案中提出这一转变要在2006年完成，但显然这并不意味着要加速实现这一转变。

2003年法国政府总结了政府会计的改进过程并提出了一个改进的时间进度表，内容详见表4-1。

表4-1　　**法国政府会计改进时间计划表**

重要日期	重要事件
1982年	私人部门执行新的账户表
1999年	题为《应计制会计专门小组（accrual accounting taskforce）》的报告送交财政部，政府会计现代化的第一阶段开始
2001年6月28日	议会两院通过了宪法草案
2001年8月1日	宪法草案确定了新的预算规则（budgetary rules）
2002年	公共会计准则委员会（CPAS）成立
2003年1月1日	预算导向讨论执行新的预算规则
2004年1月1日	除了要求地方政府将现金存入国库，其他规定都开始执行新的预算规则
2005年1月1日	引入修正收付实现制的新预算法
2006年1月1日	一般性账户（general accounting）采用权责发生制

法国政府的权力分散化趋势自1983年以来呈现不断扩大状态。与此同时，为进一步提高政府信息的透明化，法国政府拟就预算法实施改革。法国每年披露的政府会计和预算的信息主要通过财政管理总报表（CGAF）和预决算法案（Budget Review Act）进行反映。CGAF以资产负债表和收支表（statement of revenue and expenditure）为主要表现形式，侧重披露预算事项、现金交易和会计分录结果；预决算法案则主要反映前一年的预算执行情况。

法国政府会计引入权责发生制可以从1999年和2000年的CGAF的编制看出一些端倪。在CGAF中第一次以资产负债表和收支表形式来反映政府会计信息，在年末对以收付实现制为基础编制的报表以额外的会计基础（extra-accounting basis）进行了调整，其中包含了权责发生制要素。

2001年政府会计的核算基础由收付实现制转向权责发生制有了法律基础，这是在关于预算法的新宪法草案中确定的。新宪法草案发布后，法国财政部正式启动了实施权责发生制会计的改革进程，主要从三个方面推进这一工作。第一个方面是组织设置。为研究和签署财政部提议的新公共部门会计准则，2002年法国财政部专门成立了中央政府公共会计准则委员会（CPAS）。新的政府会计准则的制定比较严谨。首先要对修订的准则和CPAS的注释进行初步评估；而后将其送到私立部门会计准则制定机构——国家会计委员会（National Accounting Council），由它确定公共部门会计准则与公认会计准则（GAAP）的一致性；最后，新的会计准则经国家会计委员会批准才能对中央政府生效。第二个方面是政府会计准则概念框架的架构。在这一过程中，政府会计准则起草稿首先由财政部预算与公共会计理事会的专门小组提出，而后交由CPAS审议，最后再提交给国家会计委员会。新准则的执行则要由预算与公共会计理事会另一个专门小组来负责。第三个方面是新的信息系统的建立。法国为协调政府支出的说明、授权和设定，特意设计建立了新的政府预算与会计信息系统“ACCORD”。

此外，新宪法草案还明确了政府会计核算的双重基础，即预算的执行采用修正的收付实现制，而政府会计报表则采用权责发生制。尽管进行权责发生制政府会计改革是大趋势，但对于立即用权责发生制替代收付实现制来说，改革成本是巨大的，需要耗费大量的资源和人力。因此，法国政府实施的双重核算基础是适应法国实际情况的过渡性质的改革措施。它一方面有利于对预算执行情况的及时反映，尽量回避了权责发生制为基础的预算的复杂性和可操纵性；另一方面，权责发生制核算基础将极大地有利于对政府固定资产和各项成本费用的客观反映，从而进一步提高政府财务信息的披露水平。

法国在2006年实施的中央政府会计改革，就是由政府推动的，共形成了三套会计系统：预算会计系统、财务会计系统和成本会计系统。其中，预算会计系统主要是对预算活动的现金流入和流出进行核算，会计核算基础依然保持原有的收付实现制基础；财务会计系统需要对中央政府所有活动进行核算，会计核算基础要比照企业一律采用权责发生制基础，但中央政府特有业务活动可以例外；成本会计系统主要任务是对每个预算项目进行核算和分析，这是出于对法国中央政府拟采用项目预算改革的考虑，因为只有建立成本会计系统才能更好地进行项目的成本控制和绩效评价。

法国地方政府的预算和会计改革实际上是先于中央政府一步的。在由大区、省、市镇和市镇机关四类构成的法国地方政府中，市镇作为其中的主体，目前已经基本完成了预算和会计的权责发生制改革，下一步的改革将在省和大区中展开。在此基础上，法国未来还将着力提高市镇之间报告信息的可比性，并对市镇之间的预算和财务报告信息进行合并，以提高财务报告的编报效率。

2）德国政府会计的改革原因和改进情况

（1）改革原因

德国是一个实行议会共和制的联邦共和国。国家权力由联邦政府和州政府共同掌控，二者在法律上实行自治，可以各自独立地行使宪法所赋予的权力。这种政治体制在宪法中称为合作联邦制。伴随着“新公共管理运动”在全球范围内的兴起，德国政府会计的改进问题自20世纪90年代开始一直被热议。

（2）改进概况

由于德国目前管理层的决策还主要依赖于传统的财政数据，因此，在德国政府会计系统中，尽管允许采用权责发生制核算基础，但仅仅是作为原有的收付实现制会计基础的一种补充。为了弥补传统的收付实现制预算和会计系统的不足，德国财政部于1996—1997年研发了一套“标准化的成本和绩效会计系统”。这套系统负责记录一段相关时间内的交易和事项，并关注了资产的贬值和升值以及员工养老金的计算问题。

德国中央政府和地方政府在会计领域的改革分别自成体系。其中，德国中央政府侧重于财务报告方面的改进，改革形成了如下的三种财务报告[①]：

①财务状况报告。财务状况报告（格式见表4-2）主要按照德国商业会计的规定进行资产的确认、计量和记录，只在部分内容中针对政府的特点进行了修改（例如净资产的内容）。

---

① 财政部. 欧洲政府会计与预算改革[M]. 大连：东北财经大学出版社，2005.

表4-2 （德国）财务状况报告的一般格式

资　产	负　债
A.非流动资产	A.净资产
1.无形资产	B.储备
2.不动产、工厂和设备	C.负债（根据它们的到期时间分类）
3.金融资产	D.递延项目
B. 流动资产	
1.存货	
2.应收账款和其他资产	
3.股权投资	
4.现金	
C.预付账款和递延项目	

②财务绩效报告。财务绩效报告的结构（见表4-3）与支出类型会计的格式相类似。反映政府活动结果的政府收支差异能够直接在表格中读取，它体现了政府的财务效率。而政府的政策效率则由特定期间的净盈余或亏损体现出来，它是将特殊活动的结果、征税结果，以及一般活动的结果相加得到的。

表4-3 （德国）财务绩效报告的结构

项　目	行次	月份	
		预算	实际
一、经营收入			
销售和政府服务收入			
存货的增加（减少以“-”号填列）			
其他内部生产性和资本性资产的增加（减少以“-”号填列）			
其他经营收入			
减：经营支出			
直接成本			
直接人工			

续表

项　目	行次	月份	
		预算	实际
折旧费			
其他经营成本			
二、经营活动的结果（财务效率）			
三、财务活动的收入			
投资收入			
股权投资和其他长期金融投资的收入			
利息和类似收入			
减：财务活动支出			
利息和类似支出			
金融资产和短期投资的贬值			
四、财务活动的结果			
五、日常活动的结果			
特殊收入			
减：特殊支出			
六、特殊结果			
税收收入			
减：税收支出			
七、税收结果			
转移和调拨支出			
减：转移和调拨支出			
八、转移结果			
九、特定期间的净盈余或亏损（政策效率）			

③活动报告。活动报告的作用与应用于德国私人企业中的商业会计管理报告相类似。报告包括反映产品生产指标和比率的绩效报告（产品报告）（其结构见表4-4）和提供人力资源和投资的成本信息的资源报告。

表4-4　　　　（德国）绩效报告的一般结构

产品信息表格				
项目		生产团队		生产部门
注释				
产品描述				
生产责任				
法律基础				
内部和外部用户				
生产指标和比率			××年预算	××年实际
预期努力				
效率		标准：		
		标准：		
表现	质量	标准：		
		标准：		
	数量	标准：		
过程质量		标准：		
		标准：		
		标准：		
客户满意度		标准：		
		标准：		
生产结果/财务资源				
产品收入				
直接人工成本 折旧 其他经营费用				
经营性开支				
外部成本 内部成本				
直接产品成本				
边际贡献				
间接成本				
财务效率				
调拨收入				
政策效率				
产品成本 产品成本/绩效单元 调拨/绩效单元收入 有效性（结果/目标）				

德国地方政府的改革比联邦、州政府涉及的范围更广，改革力度更大。德国内政部常务委员会于1998年为地方预算法的改革专门成立了下级委员会，目的就在于协调不同地方的改革方式。地方预算法改革下级委员会首先在1999年制订了工作计划，而后在2000年通过了两个草案。第一个草案以应用于私人领域的会计规范为指导确立了新的地方政府权责发生制预算和会计系统的框架。同时该草案也考虑到了公共部门的特点，决定在会计系统中加入现金流量报告的内容。第二个草案进一步拓展了传统预算和会计系统的核算内容，主要体现在对于成本会计、资产计价、期初余额以及平衡预算方面的规则制定方面。

另外，为了方便各地方政府相互交流经验，德国城市联邦（KGSt）和德国城市联盟（DSt）还专门成立了一个工作组。由工作组负责汇总不同小组的建议和收集不同的解决方法，并将其反映到德国内政部常务委员会，从而促使改革更加顺畅地进行。

4.2 国外政府会计改革的差异分析

美国模式、英国模式和德法模式政府会计改革虽然都体现出向权责发生制会计基础转变的共同特点，但是在整体思路上依然存在较为明显的差异。

4.2.1 政府会计改革导向不同

政府会计改革导向可以简单理解为政府会计改革的价值取向。各国政府会计改革由于各自国情不同，在改革的价值取向上自然体现出不同的特点。下文将就三种模式的政府会计改革的典型代表国家的改革导向进行具体分析。

1）美国政府会计改革的导向

美国政府会计改革的导向是满足外部信息使用者的信息需求。GASB在论述政府综合财务报告的使用者时认为，州和地方政府对外财务报告的信息使用者主要包括三类，即公众、立法机构和监察机构、投资者和债权人。GASB进一步指出，容易通过政府内部报告得到财务数据的政府行政部门的内部管理者，不是主要的使用者。从20世纪80年代开始，州和地方政府就为了满足不同使用者对政府财务信息的需要而设计了综合财务报告体系。在综合年度财务报告体系中，财务报表是一个完整的体系，它是根据不同使用者的需要，设计出一套繁简程度不同、层次分明的财务报表，既有单个基金和账户组报表，也有按基金类型编制的联合报表、概括性的合并报表，还有高度浓缩和概括的财务情况总表。20世纪80年代以后的州和地方政府会计的改革也是为了向信息使用者提供政府整体的财务状况和相关财务信息而展开的。

2）澳大利亚政府会计改革导向

澳大利亚政府会计改革具有满足外部和内部信息使用者需求的双重导向特征。澳大利亚政府财务报告的显性目标中表现出信息使用者的需求导向，AAS27、AAS29、AAS31对目标的界定援引了《会计概念公告第2号——通用目的财务报告的目标》的规定。《会计概念公告第2号——通用目的财务报告的目标》指出，通用目的财务报告为帮助使用者制定或评价其资源配置决策，并帮助报告主体管理统辖机构以解除受托责任，应当为其使用者提供有用的信息。可以认为其中提到的“使用者”包括内部使用者，因为这里并没有明确是外部使用者还是内部使用者。

澳大利亚政府会计模式也被称为“堪培拉模式（the Canberra model）”。澳大利亚财政部门的职责定位更倾向于拓宽向政府提出建议的渠道以及更加方便、有效地进行预算管理。自1976年以来，联邦财政部对财政管理和财政控制负责。哈迪曼认为：“政府会计的堪培拉模式的形成在一般情况下突出了财政管理和财政控制的重要性，在特殊情况下增强了政府会计的职能。一个单独的联邦财政部的建立便利了资产的迅速转移以及保持资产的独立性并且使财务焦点尖锐化。而在混合模式下，在同一部门内部政府会计职能则必须与政府经济职能共同存在。”在堪培拉模式下，通过巩固财政部长在内阁的地位增强了政府会计职能的重要性。

澳大利亚政府财务报告改革是直接为满足公共部门管理的需要而进行的。以权责发生制为基础的预算和财务会计、成本会计等恰恰可以有助于这种管理需要，因此，澳大利亚也就成为以权责发生制为基础的政府会计改革的先锋和成功代表。

Luder和Jones（2004）指出，“把公共部门改革要求作为会计改革推动力的重点，意味着这场改革的主要目的是（政府内部的）管理导向，而政府外部的受托责任导向发挥的作用较小（如果有的话）”。由此可知，澳大利亚政府尽管在显性财务报告目标中强调了外部信息使用者导向，但究其实质，还是要服务于政府内部财政预算管理的需要，也就是说，其财务报告改革的导向是双重的。

英国政府会计改革的导向与澳大利亚基本相似。Jones（2004）认为，英国中央政府和地方政府由于不能确定权责发生制基础的应用情况，以及应用权责发生制基础所产生的财务数据在短期内能够为管理当局提供信息的程度，因而需要持续进行政府财务改革。

3）德法政府会计改革导向

德法两国政府会计改革的价值取向不是十分明朗，但总体而言，政府会计改革主要目的是满足政府预算管理的需要。因而，政府会计即便要改革，也要由预算改革推动，或是二者相互配合进行改革。并且，政府会计都被德法两国视为预算的附属物。

在政府财务报告改革之初，法国一度对改革尤其是以权责发生制为基础的变革持犹豫不决的态度，但公共支出的持续增长和政府会计改革趋势促使法国下决心为实现新的公共部门管理而建立一个有效的成本会计系统。法国中央政府会计从2002年7月起采用修正的收付实现制会计与财务报告模式，即只有到年末，才会为了编制整体政府财务报表而增加一些分录。

德国传统的财务和预算会计的主要功能是记录收支，同时提供现金余额和流量变化的证据，当然也能为政府财务报告提供依据。因此，政府财务报告的主要目标是评价政府工作是否符合预算要求。财务和预算报告的主要功能是提供管理控制，这仅指预算管理要遵循相关规定，不包括预算管理的经济有效性。

德国政府会计的核算基础虽然允许在收付实现制基础上引入权责发生制，但毕竟它只是作为传统的收付实现制的补充。从本质上说，满足立法机关的预算控制需要仍然是德国政府会计的根本目标，这一点并没有改变。

4.2.2 政府会计改革实施战略不同

各国的政府会计改革不仅在导向上有所不同，在具体实施策略方面也体现出不同的方式。概括起来主要有两种：一种是“一步到位式”，另一种是“循序渐进式”。

1）“一步到位式”改革策略

英国式的政府会计改革采取的是“一步到位”的比较激进的方式。英国和澳大利亚政府的会计基础都直接从收付实现制转向了权责发生制，而且预算的编制基础也进行了同样的改革，并未采取过渡的形式。

2）“循序渐进式”改革策略

德国和法国虽然在政府会计改革的基本取向上也是权责发生制，但实施方式却与英国和澳大利亚截然不同。德国和法国对政府会计改革采用的是带有反思特征的“循序渐进”的方式。两国并没有急于全面铺开权责发生制基础，而仅仅将其作为传统的收付实现制的补充，并且在改革过程中不断反思，分析权责发生制基础的得失利弊。美国政府会计改革的实施方式更显特殊。虽然最近美国政府会计改革的趋向出现了英国式特征，但没有迹象表明美国准备采取激进的方式。从美国政府会计改革的历程看，美国采取的是一种混合式的改革方式。对于收付实现制和权责发生制，美国并没有接受其中一个而否定另一个，而是根据政府财务资源和业务活动的特点采用了修正的权责发生制（认为某些政府业务不适合采用权责发生制），而且美国政府会计改革也没有以权责发生制改革作为唯一的主线，其间融合了改进政府财务报告体系的另一重点。

4.2.3 差异原因分析

上文中指出了三种不同模式的政府会计改革导向和改革方式的差别，究其原因：一是不同政治体制带来的影响；二是“新公共管理运动”带来的影响；三是文化传统的影响。

1）不同政治体制带来的影响

通过前文的分析可以发现，英国式的和德法式的政府会计改革在导向上有相似之处，只是改革实施方式有所不同，而美国式的政府会计改革导向则比较鲜明。这种差异与各国政治体制特点有直接关系。从德法两国的实际情况看，政府会计之所以与预算联系紧密，与议会在与政府的关系中处于弱势地位，影响力相对较弱有直接关系。议会权力较小、作用较弱，就会降低立法机构和社会公众对政府财务信息的需求。与此同时，德法两国都属于中央集权的国家，中央政府掌握财政大权，中央政府对地方政府进行财政监督和其他监督。因为联邦政府对地方政府有较强的控制力，所以，从表面上看地方政府就是联邦政府的有机组成部分。这样一来，外部信息使用者对地方政府财务状况的关注度就会减少，而转为关注整个国家的情况。但整个国家的情况较为复杂，财务状况只是其中一个方面，因此，外部使用者对政府财务信息的需求就相对较小了。

德法两国的政治体制特征对于两国政府会计与预算体制也有明显影响，即政府会计和预算受政府管理和控制，两国的政府会计较少受到企业会计的影响。比如，在法国，会计职业团体从来没有涉足过公共部门会计领域，过去没有，现在仍然没有涉足的迹象，这表明法国会计职业团体在公共部门中的作用微乎其微。这也是外部力量对两国政府财务报告改革影响力不足的另一方面的原因。

与德法两国政治体制截然不同，美国是典型的联邦制国家。从联邦中央政府和州政府层面来看，二者间权责划分明确，关系相对独立；从州政府之间的相互关系来看，各州均有各自的宪法，关系也相对独立；至于州以下的地方政府由于实行较高程度的自治，因此地位也相对独立。总之，从法律形式上看，联邦、州和地方政府都是相互独立的，不存在上下隶属关系。正因如此，美国联邦中央政府对地方政府的控制权较弱，地方政府的作用相对重要，政府财务信息使用者更需要对政府的财务状况进行评估，地方政府所承受的外部压力大，所以其政府财务报告改革主要以外部信息使用者的需求为风向标。

澳大利亚是一个联邦制国家，包括6个州和2个行政区。各州和行政区都有其自身的财务管理法规。英国虽然是一个单一制国家，在法律条文中也未明确中央和地方政府的权限，但分权管理已经自然而然地成为中央政府和地方政府之间一种约定俗成的分工。在这样的政治体制下，虽然政府财务报告改革是由政府发起的，直接出发点是为了强化政府财务管理和财务控制，但改革也会承受外界的压力，必须充分重视外部信息使用者的需求。所以，英国式的政府会计改革就呈现出一种双重导向的特征，既强调政府公共管理的需要，也关注信息使用者的需求，即同时兼顾内部使用者和外部使用者。

政治体制对政府会计改革方式也有重要影响。英国是单一制国家，还是一个党执政的政府，因此，英国不会产生复杂的改革哲学，政府会计改革可以一改到底。与此不同，联邦制国家的改革计划通常遵循非连续性渐进主义模式，因为在联邦制国家中改革存在许多可能遭到否定的环节，这一点在德国表现比较明显。

2）“新公共管理运动”带来的影响

在西方国家，英国、澳大利亚和加拿大等出现经济和财政问题较早，“至少比德国早十年（德里克，1999）”，所以“新公共管理运动”在实施英国模式政府会计的国家开展得较早，涉及范围较广，影响也较为深远。而德国在20世纪90年代初，“管理主义”还未兴起，自然不存在政治家或公众对官僚主义的抨击（Derlien，1991）。应该说，新公共管理在德国的出现是受到其他国家的影响，而且是近几年才出现的热点话题。

由此可见，英国和澳大利亚较早地感受到公共管理改革的迫切性和现实性，可以认为这两个国家都是新公共管理改革的“先驱”，两国政府为了化解经济和财政困难，毫不犹豫地采取了激烈的改革手段。澳大利亚政府财务报告改革就是在外贸状况恶化、利率提高、外国资本流入锐减、赤字压力过大的背景下展开的。在波澜壮阔的“新公共管理运动”中，这两个国家的政府财务报告也顺应时代要求进行了彻底的变革。由于德国的情况恰好相反，所以政府会计改革进程就显得犹豫。尽管如此，笔者依然认为英国和德国政府财务报告改革并没有本质的区别（导向接近），只是存在非对称性的差别，即改革时间和力度的差异。

3）文化传统的影响

很显然，英国模式的政府会计改革和德法两国在政府会计改革方式上的差异，并不能完全归因于政治因素和“新公共管理运动”的影响，文化传统的影响也不容忽视。

在对不同国家文化传统的研究中，阿尔蒙德（1963）认为英国十分接近于他们所确定的公民文化模式。换句话说，英国的主流文化模式推崇民主过程中主动、被动兼备的角色，这为相对稳定和成功的民主政治提供了先决条件。“公民文化”不仅建立在对政治体制的积极认同和对民主价值观的高度认同上，还建立在公民全体相对高水平的政治能力上（参与能力）。阿尔蒙德发现，在英国，存在着赞成公民参与的强烈偏好；而在德国，则发现了“臣民文化”的许多要素，德国的调查数据显示，在公民中存在着相当程度的政治超然。这种臣民价值观很容易就被认为是等级制度的文化，在这种文化中，个体认同制度但坚信他们的参与应该被限制在合适的范围内。在这样政治文化环境中，英国的公众会把民主制度看得非常之高，而德国的公众会与“法治国家”的传统保持一致，他们对司法——行政制度有着更高的尊重。

政治文化表现在政府财务报告改革中，就会出现公众参与程度的显著差异。英国公众乐于参与，积极关注，推动改革并使改革在一定程度上遵循“外部信息使用者需求”导向。德国的公众并非不支持政府财务报告改革，但是更乐于服从而不是参与，所以改革就会出现明显的“公共管理需要”导向，而且由于外部压力不足，改革更容易出现一波三折的情形。

4.3 对我国政府会计改革的启示

西方国家政府会计改革由来已久，有的国家甚至经历了数十年，这无疑表明政府会计改革是一个动态的过程，而不是一个确定的结果。

4.3.1 美国模式政府会计改革的经验总结

1）政府会计改革体现外部信息使用者导向

美国政府会计改革体现了外部信息使用者导向，这一点与现代公共管理的“公众参与”特征相契合，符合公共管理的发展方向和发展逻辑。为了达到这样的目标，美国设计了适应不同信息使用者需求的财务报告体系，实质是突出了政府财务报告的相关性和可理解性。政府财务报告的披露质量是许多国家面临的共同课题，披露质量的核心要素是透明度，单纯的信息公开并不必然达到政府财务信息的透明度，如何让信息使用者“读懂”政府信息才是关键所在，从这一点来看，美国的经验就值得推崇。

进一步来讲，从信息传播学的角度看，政府财务信息传递有传播和反馈两个主要过程，且彼此影响，即反馈的前提是传播，而反馈可以更好地促进传播。所以关注外部信息使用者的需求也是关注政府自身的需求，因为公众的积极参与只能使政府财务报告改革有的放矢，提高改革的效率和效果。

2）会计核算基础体现“多元”性

美国政府会计采用的是修正权责发生制和权责发生制基础混用的模式。从其财务报告来看，基金层面报告基本采用的是修正权责发生制基础，而政府层面的财务报告采用的是权责发生制基础。这种混合编报基础的优点在于比较灵活，可以根据政府财务资源的特点和业务活动的性质灵活掌握。但修正的权责发生制具有一定程度的不确定性，不同国家的理解和具体应用五花八门，容易产生误用，进而导致不同国家间政府财务信息的可比性降低，可能存在传递错误信息的风险。

3）改革方式注意采取渐进式

美国政府会计改革方式实质上也融合了渐进式的特征。以政府财务报告改革为例，美国州和地方政府长期以来一直采用的是基金会计主体，在政府会计改革过程中，政府会计准则委员会希望新的财务报告系统可以反映政府整体的财务状况和运营成果，同时，为了减少改革的阻力，因而保留了原有的报告方式，即以原有基金报告为基础，进而合并形成政府层面的财务报告。

4）政府会计改革和预算管理相互补充

在美国，州和地方政府预算基本上采用收付实现制基础，而政府层面财务报告采用权责发生制基础。收付实现制和权责发生制基础同时存在，却各自服务于不同的目的。此外，为增强财务信息的完整性，还特意在预算报告体系中增加一张协调预算基础和会计基础的报表。

4.3.2 英国模式政府会计改革的经验总结

英国、澳大利亚和加拿大等国以彻底的权责发生制为主线，对政府会计进行了翻天覆地的变革。这种一步到位式的改革避免了改革中可能遇到的波折，而且结果说明改革对化解政府财务风险、改善公共管理都具有积极作用。

这种改革方式需要付出高昂的成本，不但改革耗资巨大，而且改革后政府财务报告系统的维持运行费用也是沉重的财政负担。所以，这种改革方式并不具有普遍的借鉴意义。退一步讲，即使忽略改革成本，改革本身也存在值得探讨的问题。一是把适合私人部门的财务报告编制基础直接移植到公共部门，本身就违背了公私两个部门有本质差别这一根本原则。公共部门有法治国家和政治民主的背景，在组织上公共部门有法律性、合法性和官僚治理性。因此，在学习私人部门的管理手段时，应该注意公共部门的特殊性，其中，最重要的是要考虑公共部门所特有的价值理念。政府会计改革为提高管理效率和绩效评价而采取的应计制改革，在一定程度上会削弱政府的社会责任观念，导致政府作为经济效率以外的基本社会功能的价值损失。二是从政府财务报告改革的实际成效来看，也存在一定程度负面效果，例如成本核算、绩效评价等问题，都需要精确的知识和运用这些知识的能力，而事实上，对政府而言，这一切几乎不具备可测量性和可计算性。

4.3.3　德法模式政府会计改革的经验总结

德法模式政府会计以满足政府财政管理需要为主的改革导向尽管有些保守，甚至与公共管理理念背道而驰，但是这种导向也有其实行的现实意义，至少在改革初期它可以使改革进程更加平稳、有序。当然，德法模式政府会计改革这种渐进式的改革方式，是否值得学习还需要结合各个国家的实际情况而定。

1）德国经验总结

（1）政府会计改革方式循序渐进

德国政府会计改革方式选取的是在相当长的一段时间内收付实现制和权责发生制相互补充的方式。但两种基础并不是同等重要的，其中，传统的收付实现制起主要作用，权责发生制起辅助作用。改革的目标最终是采取单一的权责发生制。显然，这一改革进程是循序渐进的，比较方便对改革中出现的问题进行修正，较为稳健。然而，这种改革方式并不适用于所有国家，要区别不同的情况。对于联邦制国家，其改革环节较多，过程较复杂，适于采用这种方式。另外，对于文化传统比较保守（理性）的国家也比较适合采用。但对于规模较小、改革过程相对简单的国家就不一定适用这种方式了。

（2）政府会计改革思路明确

德国尽管在联邦政府层面没有制定统一的政府会计概念框架，但在州和地方政府中则分别设立了三个不同的概念框架来指导改革的进行。由此一来，德国政府的会计改革就形成了比较明确的思路，改革也就不至于偏离既定的目标。

（3）政府会计改革组织得当

德国政府会计改革的特点是内容繁杂，而且参与者众多，存在沟通和协调障碍。为了解决这一问题，地方政府成立了改进子委员会来协调改革，推动改革进程。由于参与者众多，相关各方在某些问题上会各持己见，但是可以在改进子委员会内讨论这些不同的观点和立场，这对于协调各地方政府会计改革起到十分重要的作用，同时也可以保证信息通畅。

2）法国经验总结

（1）法国政府会计改革模式采取渐进式

法国在政府会计改革过程中遇到了来自政府上层管理人员的较大阻力。由于改革措施的执行者和决策者会持有不完全一致的改革意见，因此，改革实施的难度和复杂性可想而知。可以说，充分重视改革中各相关利益群体的组织和协调是保证政府会计改革顺利进行的法宝。

（2）政府会计改革措施系统全面

法国目前的改革思路是建立一套由预算会计系统、成本会计系统和财务会计系统三部分组成的完整的政府预算与会计体系。尽管这套会计体系较为全面、系统，但从其实施过程来看，这种改革模式还是过于复杂，三部分会计系统同时运转会带来很多协调、理解上的困难，实际上增加了改革的难度。

（3）政府会计改革技术资源应用广泛

法国政府财务报告改革注重引进新的财务管理和分析软件。尽管公共部门会计人员熟练掌握软件使用需要进行相应的培训，但不容置疑的是，软件让公共部门会计人员从大量的手工操作中解放出来，大大减少了人力的使用，提高了工作效率。这样，公共部门会计人员就得以进行角色转换，转变为政府的咨询专家，成为推动政府财务报告改革深入发展的动力。

综上所述，笔者认为OECD国家政府会计改革值得借鉴的经验很多。对于我国而言，各国政府财务报告体系建设都有可供借鉴之处，这是不言而喻的。除此之外，笔者认为，就改革整体思路而言，值得借鉴的经验主要包括以下几个方面：

①结合国情合理选择一步到位式和渐进式改进模式。德国、法国与澳大利亚选择了不同的改进模式正是由于国情不同，澳大利亚的政府会计改革起源于“新公共管理运动”，政府急于摆脱财务困境，而德国和法国多是借鉴国际经验，更进一步来讲，传统文化差异也是影响改进模式选择的重要因素。

②政府会计改革需要整体谋划，各相关改革协调进行，所以预先制定准则框架就显得尤为重要。

③政府会计改革和财政预算改革应该相互协调；德国、法国和美国以及英国式的政府会计改革都不同程度地体现出政府会计基础和预算编制基础协调的倾向，比如收付实现制预算和修正权责发生制政府会计相配合，或者是英国式的权责发生制会计与预算体系（accrual accounting and budgeting systems，AABS)。这是非常值得研究和借鉴的一个方面。

④政府会计改革需要配合公共管理变革大环境才能顺利进行。一般而言，政府会计改革只能是服从公共管理改革的需要，或者说是随着公共管理改革而改变，而不可能脱离公共管理轨道独自运行。从本章的研究中可以发现，凡是新公共管理启动较早的国家，政府会计改革也比较顺利，改进措施比较彻底（如英国和澳大利亚)，反之，改进则比较困难（如德国和法国)。

第 5 章

基于绩效管理的政府会计理论体系的构建

我国长期实行的预算会计体系形成于1998年，包括财政总预算会计、行政单位会计和事业单位会计。它作为国家财政预算管理的有机组成部分，在国家财政职能的实现和国家预算的执行中发挥着极为重要的作用。预算会计是核算、反映和监督政府以及行政事业单位以预算执行为中心的各项财政资金收支活动的会计。但是随着我国财政体制改革的不断深入，服务型政府的理念不断深入，原有的预算会计体系已经不能适应国内外客观经济环境的变化，尽管2019年开始执行的新《政府会计制度》已对传统的预算会计体系进行了颠覆性的改革，能够较为全面地反映政府财务状况，但对于全方位作用于政府绩效管理，基于绩效管理构建完整的、真正意义上的政府会计体系仍然是当务之急。

5.1 确立政府会计体系的目标

构建政府会计体系首先要有明确的目标，否则所有的努力将失去方向。我国现行的预算会计体系的目标主要是满足国家预算管理的需要，但随着经济环境的变化、政府职能的转变，政府传统的行政管理逐渐发展为绩效管理，政府会计作为加强管理的重要工具，其目标自然也会随之发生改变。

5.1.1　政府会计目标概述

要想科学制定政府会计体系的目标，首先就要明确政府会计目标的内涵，进而借鉴其他国家的经验，在结合我国国情的基础上方能制定出合理的、符合政府绩效管理需要的政府会计体系的目标。

1）政府会计目标的内涵及模式

政府会计目标是政府会计系统所要实现的目的，它对政府会计具有导向作用，主要用于规范政府会计应反映和提供财务信息的数量和质量问题。单纯从会计目标来分析，其内涵主要包括以下三个方面：第一，会计信息的提供对象；第二，会计信息的提供内容；第三，会计信息的提供目的。构建政府会计体系要想确立正确的方向，就必须能够科学地回答这三个问题。因此，无论是政府会计概念框架的设计，还是政府会计规范体系的建立，会计目标都是其中的核心问题，对于政府会计改革而言它的重要性自不必说。

从西方国家来看，其政府会计改革都有比较明确的会计目标。根据对上面三个问题的回答，西方国家的会计目标大体上可以归纳为两种模式。包括美国、英国、加拿大、澳大利亚、新西兰等国在内的政府会计目标属于第一种模式。具体表现为：会计信息主要为广泛存在的外部使用者提供，着重提供详细的财务信息，目的在于阐明政府施政的受托责任。第二种模式是包括德国、法国和波兰等欧洲大陆国家所采用的。具体表现为：会计信息主要向立法机关、行政部门提供，以提供财政预算信息为主要内容，主要供议会和政府决策使用。德国、法国的做法明确了政府会计信息使用者的不同地位，即内部使用者是政府会计信息服务的主要对象，而忽略外部使用者对于政府会计信息的需求。

尽管政府会计目标受不同国家的政治、经济、法律和社会环境不同的影响，必然存在一定差异，但同时，从政府会计反映经济活动这一本质来看，又能找到其中的共同点，即会计目标都表现为由基本目标和具体目标等组成的具有层次性的目标体系，各级次的目标相互关联、互为补充。

2）政府会计目标的主要观点

受托责任观与决策有用观是西方政府20世纪70年代形成的会计目标

两大理论派别。受托责任观认为：会计的基本目标是受托人向资源提供者报告受托责任的履行情况，而反映受托责任最直接、有效的信息是经营业绩方面的信息。决策有用观则认为：会计基本目标是向信息使用者提供有助于其决策的信息，而这类信息主要应包括企业现金、经营业绩和资源变动方面的信息。上述两种观点尽管最早都形成于企业会计，但其影响也逐渐波及政府会计。

20世纪六七十年代，西方国家开始实行绩效预算，权责发生制被逐渐引入政府会计系统，政府资产与负债均纳入会计核算。20世纪80年代以来，随着“新公共管理运动”的广泛推行，健全的预算与政府会计系统被越来越多的西方国家推崇为公共治理的基石。“受托责任”与“决策有用”自然成为政府会计目标。

由于我国目前尚未构建完整的政府会计体系，所以政府财务报告目标也没有集中的明确阐述，只是零散地存在于预算会计相关的准则和制度中。我国1998年进行的预算会计改革中关于会计目标的描述分别体现在财政总预算会计、行政单位会计和事业单位会计制度中。比如《财政总预算会计制度》第十二条规定“总预算会计信息应当符合预算法的要求，适应国家宏观经济管理和上级财政部门及本级政府对财政管理的需要”。现行的政府财务报告目标的特点在于强调了满足国家宏观管理的需要及组织内部管理对财务信息的需求，体现了政府利益导向，会计目标的制定比较倾向于“决策有用观”。但由于我国现行的预算会计制度形成于计划经济时期，当时的国家财政要对整个社会的经济活动进行控制，因而，财政活动涉及范围广泛、资金动用量巨大，面对这种情况，预算会计实际上无法做到为政府决策提供及时、完整、真实的会计信息。因此，在我国预算会计制度中隐含的“决策有用”目标从本质上来说并没有实现。

另外，实际上比较中西方政府会计的内容会发现，除了基本都包含“决策有用”观，也同样包括“受托责任”观，但具体分析会计目标会发现，“受托责任”观在内涵上还是存在较大差异的。西方政府会计的“受托责任”目标强调政府部门需要向议会或公民报告受托责任的履行情况。而我国从实际情况来看，政府会计的“受托责任”目标更注重下级政府向上级政府（或被管理单位向主管部门）报告受托责任的履行情况。我国政府会计的“受托责任”目标实际上没有完全实现向广大人民群众报告受托责任的目的，因此，在预算会计制度中未做出明确规定。

5.1.2　我国政府会计信息使用者对信息的需求分析

前已述及，要想明确政府会计的目标，就要首先从政府会计信息使用者的分析出发，进而确定信息使用者具体有哪些信息需求以及信息使用者使用政府会计信息的目的。从IPSASB咨询稿确定公共部门主体通用财务报告目标的过程来看，这一目标也是基于对公共部门主体通用财务报告使用者信息需求的分析得到的。

1）我国政府会计信息的使用者

对于政府会计信息的使用者的分析，IPSASB咨询稿中的内容很值得我们借鉴。IPSASB咨询稿将公共部门主体通用财务报告的潜在使用者归纳为三类：一是服务的接受者或者其代表，二是资源的提供者或者其代表，三是其他相关方。第一类使用者主要包括公民及其代表、立法机关和监督检查机构。第二类使用者又可以分为“被动资源提供者”和“自愿资源提供者”两种。最典型的“被动资源提供者”是纳税人，而“自愿资源提供者”所涉及领域较广，如贷款人、捐赠人、中央机构和监管团体等都属于这一类别。第三类使用者是除上述两类之外的其他部分，具体包括特殊利益群体及其代表，如立法机关、分析人员和媒体等。此外，IPSASB同时指出了通用财务报告的主要使用者当属立法机关。这主要是因为立法机关为实现社会成员的共同利益，往往在工作中扮演着不同的角色，时而是服务接受者，时而是资源提供者，因此决定了立法机关对公共部门财务报告信息有着较大的关注度。

此外，美国政府会计在确定其目标时也首先界定了政府会计信息使用者的类型：一类是内部使用者，如主要的行政官员、议会和内部审计官等；另一类是外部使用者，如联邦政府、选民、州立法委员会和潜在的投资者等。

以我国目前的状况来看，在各项预算会计制度中并没有明确规定政府会计信息使用者的类型，但通过分析相关的法律规定可以看出一些端倪。我国的政府会计信息使用者大致包括各级政府或行政单位、上级财政或主管部门、各级人民代表大会及其常务委员会、财政部门、审计部门、税务部门等。但从目前来看，最重要的政府会计信息使用者主要是人大代表、政协委员和政府领导。这主要是由我国实行中国共产党领导下的多党合作与政治协商基本政治制度决定的。从长远发展来看，我国政府会计信息使用者的构成将越来越多样化，包括的范围也将越来越广泛。未来的政府会计信息使用者不仅包括立法机构和行政机关，还包括纳税人、捐赠人、投资人和公共服务的购买者，甚至其他国家政府和国际组织也将逐步成为我国政府的会计信息使用者。

2）政府会计信息使用者的信息需求

IPSASB咨询稿对会计信息使用者的信息需求是这样概括的：希望得到有助于评价受托责任、配置社会资源、方便进行政治和社会方面决策的信息。也正是基于对信息使用者信息需求的分析，IPSASB咨询稿将“为通用财务报告使用者提供有关报告主体的信息”作为公共部门主体财务报告的目标。

西方政府会计信息使用者的会计信息需求大致可以归纳为以下三个方面：第一，有利于使用者评价政府的公共受托责任，进而帮助实现政府公共受托责任的解除；第二，有利于使用者评价政府的业务活动成果；第三，有利于使用者评价政府履行职责的能力。

从上述对我国信息使用者的分析可以看出，政府会计信息使用者构成的复杂化和多样化会直接决定了他们对会计信息的需求也必将是复杂化和多样化的。

概括来说，我国政府会计信息使用者对会计信息需求相当广泛。会计信息使用者对政府的财务状况、预算执行情况信息和预决算的对比信息等都有了解的需求。而随着政府会计信息使用者队伍的不断壮大，他们对会计信息的需求也出现了新的变化。信息使用者不再专注于预算执行情况的信息，而是对公共服务成本、政府绩效管理等方面信息给予了更为广泛的关注，政府受托责任的履行情况成为公众关心的话题。

3）政府会计信息使用者使用会计信息的目的

政府会计信息使用者将如何使用政府会计信息，也就是使用者对于会计信息需求的目的，这是关系政府会计目标定位的关键问题。不同的政府会计信息使用者，他们的信息需求不一致，自然也说明他们本身对于这些信息的使用目的不一致。了解我国政府会计信息使用者的信息使用目的可以从我国几类主要的信息使用者出发进行分析。

（1）对于人大代表和政协委员的目的分析

相关调查显示，人大代表和政协委员希望通过对政府会计信息的了解实现以下目的：第一，依法监督预算及其执行情况；第二，监督和评价政府的廉政性及对资源的使用效率。为此，他们更关注土地等重要资产的情况，同时也关注政府的成本费用情况，如政府单位的经费支出水平、特殊项目支出情况等。具体来说，代表们关注的焦点多集中于培训中心的收支、财政补贴情况和“三公”费用开支等情况。第三，监督政府对运行风险的控制情况。①

（2）对于政府决策者的目的分析

政府决策者出于对政府公共受托责任履行的考虑，一方面，需要了解财政资金使用的合法性、合规性和合理性，进而对未来的资源配置做出决策；另一方面，他们也需要了解政府的总体财务状况，主要包括土地、文化遗产、国有企业产权及其变动、政府的债权等资产信息和详细的政府债务信息等。

（3）对于政府单位的目的分析

政府单位使用政府会计信息的目的主要包括两点，一是为满足内部管理的需要，二是为满足上级部门监管的需要。这就需要在财务收支方面了解包括本单位全部资金收支的信息，同时还要根据上级对具体项目的监管需要，分项目提供相应的会计信息。而对于政府单位的日常管理来说，各类资产和负债信息自然也是必须要了解的。此外，根据上级监管的需要，政府单位往往对自身所提供服务的成本信息也存在需求。

（4）对于政府部门的目的分析

对于各政府部门来说，政府会计信息主要可以帮助其实现两项主要目的，即编制部门预算和进行部门管理。为此，各政府部门一方面需要与部门预算分类一致的收支信息；另一方面需要相关的资产、负债和成本信

① 赵西卜，等. 政府会计信息有用性及需求情况调查报告［J］. 会计研究，2010（9）：9-16.

息。资产方面，由于各部门资产种类不一，管理的侧重点各不相同，自然需要的资产信息也不尽相同；负债方面，存在债务的部门由于风险管理的需要会对债务有关的信息产生需求；成本方面，一部分政府部门会对下属单位提供服务的成本信息有了解的需求，但其程度远低于上述三类信息使用者。

5.1.3 我国政府会计目标的定位

我国政府会计目标的合理定位需要在目标的层次上及实现的次序上进行具体定位。

1）政府会计目标层次上的定位

为实现政府会计的多重目标，首先应将各类目标进行层次上的划分，构建完整的目标体系。美国政府会计准则委员会认为，政府财务报告目标一般包括三个层次，即全面目标、基本目标和具体目标。

我国也有学者对目标体系进行了更为细致的分解。靳能泉（2010）认为，政府会计的基本目标应能反映政府在职能作用、公共管理等方面的客观要求，它在政府会计系统中具有导向作用，处于核心地位，能够影响和约束系统中其他目标。政府会计基本目标的实现需要通过总体目标具体表达和体现出来。具体来说，政府会计总体目标是在基本目标的指引下所体现出来的政府会计所要达成的目的和结果，主要反映政府受托责任的履行情况。政府会计的分部目标作为第三个级次的目标，它是根据政府的业务活动等来设计的，当然它同样受政府会计基本目标和总体目标的指导和约束。政府会计的具体目标则是根据政府会计所涉及的具体内容制定，集中体现某项政府会计活动所要达到的目的和要求。

针对我国现实情况的分析，笔者认为，构建全新的政府会计体系需要一个简单、明了的会计目标的描述，将我国的政府会计目标划分为基本目标和具体目标两个层次。基本目标是贯穿始终的目标，具体目标是根据使用者的多方面需求，由多个目标构成的目标体系。这样一来，一方面可以实现对政府会计工作目标在不同层面上要求不同这一内容的理解；另一方面也有助于清晰把握会计目标的层次，增强实践的可操作性。

（1）政府会计的基本目标——反映政府公共受托责任履行情况

经过前面的分析可以看出，公共部门因为它区别于企业的非营利性，使得通用财务报告的许多使用者（如：纳税人、捐赠人等）获得财务信息并不主要是为了做出提供资本的决策，而是为了评价和监督公共部门受托责任的履行情况。但公共部门财务报告信息的使用者的构成比较广泛和复杂，除了对公共部门受托责任履行情况的信息需求外，立法机构、政府内部管理者、国外政府及国际机构等对公共部门财务报告信息也有了解的需求，它们需要据以做出资源分配以及社会、经济方面的决策。当然也有些信息使用者信息需求的目的具有“受托责任”和“决策有用”双重性，例如立法机构。可见，公共部门财务报告的目标从信息使用者的需求角度考虑显然也应兼顾“受托责任”和“决策有用”两个方面。

很多国家的政府会计目标都是既注重“受托责任”，又注重“决策有用”的，这两个方面并不冲突，完全可以在会计目标制定中将二者进行有机结合。以美国为例，政府会计基本目标为：一是评价受托责任；二是做出经济的、社会的和政治的决策。这也体现了两个观念的共存。

政府会计目标是构建政府会计体系的前提和逻辑起点。委托-代理理论认为有效解决代理问题的关键在于组织能否可靠地界定受托责任，当受托人的代理责任能够清晰、准确、及时地加以界定并奖罚分明时，相应的委托-代理风险就会大幅度降低。我国政府会计目标应界定为反映公共受托责任履行情况。以此为目标，将有效实现政府的公共受托责任的界定和政府绩效评价，尽可能地满足建立我国绩效政府、绩效财政的需要，从而最大限度地发挥政府会计信息在提高我国政府公共管理水平和营运绩效方面的作用，促进我国政府职能的转换、市场经济的发展和政治文明的进步。这也是政府财务报告目标的国际发展趋势，得到了大多数西方国家的认同。而由于政府所承担的受托责任是极为广泛的，远远超出了企业受托责任的层次和范围，所以基于反映公共受托责任的政府财务信息完全可以涵盖基于决策有用的财务信息，进而可以实现“受托责任”和“决策有用”的有机融合。

另外，我国政府会计目标的合理制定离不开人民代表大会制度的不断完善。政府会计的“受托责任”和“决策有用”目标要想落到实处，需要有良好监督机制进行配合，否则缺少监督的政府权力必然滋生腐败，最终，政府会计目标也只能是纸上谈兵。只有进一步完善人民代表大会制度，才能真正将政府行为置于社会公众的监督之下。因此，改革我国政府会计与调整政府会计目标从更深的层次上来说需要整个国家公共管理意识的提升。

（2）政府会计的具体目标

政府会计的具体目标是基本目标的具体化。为实现对我国政府公共受托责任履行情况的反映，考虑到目前我国的现实情况，有必要从满足政府预算管理与财务成本管理两个方面设计我国政府会计的具体目标。

①预算管理目标。分析我国的实际国情，立法机构、监督机构、主管部门及上级政府作为主要的信息使用者，它们最为关注的信息一直以来都是预算执行情况。从这个方面考虑，我国未来的政府会计系统不可能无视预算执行情况的反映，而是不管怎样构建都应能实现对预算收支的全流程控制与反映，力图向信息使用者提供全面的预算收支信息。

②财务成本管理目标。随着社会公众参政议政的意识逐步提高，他们对政府财务成本方面信息的关注程度日渐提高，而我国现行的预算会计系统侧重反映预算执行情况，尚难以满足公众这方面的信息需求。因此，我国的政府会计改革有必要加强对政府财务状况和运营绩效等信息的披露。具体来说，应如实反映政府可控资源的规模及变化、债务的发生与偿还情况，以及政府提供公共物品和服务的数量、质量与持续提供能力等。

2）政府会计目标次序上的定位

根据科学发展观这一基本理论，用发展的眼光看待政府会计目标，会发现政府会计目标不是一成不变的。在不同的国家以及同一国家的不同发展阶段可以确定不同程度的政府会计目标，即政府会计目标具有递进性，表现为从初级的、易达成的目标向高级的、实现难度大的目标逐步发展的过程。政府会计目标的递进性要解决在什么程度上反映政府公共受托责任的履行状况的问题，这涉及对公共受托责任内涵的理解。我国学者也认同这一观点，从不同角度阐述了政府会计目标的递进性，认为我国政府会计目标应区分近期目标和远期目标，逐步从初级目标向高级目标稳步推进。笔者认为政府会计目标也应该按照逐步递进的方式来设计，以使会计目标兼备操作性和前瞻性。

根据公共部门存在的广泛的信息需求，可以把政府的受托责任归纳为合规受托责任、财务受托责任和绩效受托责任。由此，可以将政府会计目标的实现按实现次序分为反映合规受托责任的目标、反映财务受托责任的目标和反映绩效受托责任的目标。

反映合规受托责任的目标主要强调与预定目标及相关法规的符合程度，具体体现为反映预算实际收支情况，反映实际预算收支与法定预算收支对比情况。就我国目前的实际情况而言，已基本实现了这一目标。

反映财务受托责任的目标，要求政府提供有关政府财务资源的来源、分配和使用情况，以及有关政府资产、负债、净资产规模及增减变动情况。在这一方面，我国目前的预算会计体系还未能充分实现，有待于新的政府会计体系的建立。

反映绩效受托责任的目标，要求政府提供投入、成本、产出以及成果等方面的信息，以及提供有助于预测政府运营相关风险和不确定性的信息。在政府所支配的公共财务资源日益膨胀的现实条件下，社会公众对政府财政信息的需求必然会超越合规性信息而朝着绩效性信息的方向发展，即关注公共财务资源使用和管理的经济性、效率性和效果性。我国现行的预算会计体系无法提供此类信息，因而，这个目标将是未来政府会计工作努力的方向。

综上所述，我国公共部门会计信息使用者群体构成及信息需求将趋于复杂化和多样化，因而需要审时度势，重新定位我国公共部门会计和财务报告目标，按照新的会计目标构建公共部门会计体系。在会计目标实现的次序上也不能操之过急，而应该采取渐进式发展，在合规受托责任的目标实现的基础上，逐步实现财务受托责任的目标，进而向更高层次发展，即向绩效性受托责任目标的实现而努力。

5.2　会计主体的构成

政府会计主体是构建政府会计体系的核心环节。为满足政府绩效管理的需要，政府会计提供的会计信息数量、种类都将大幅度增加，而这就要求政府会计主体也相应地做出改变。

界定政府会计主体的根本目的是实现政府会计目标。由于政府会计的基本目标是反映政府的公共受托责任履行情况，因而政府作为一个对外承担受托责任的整体，必须对外报告所有财务收支情况和结果。这是政府会计组织主体的具体体现。我国一直采用的是单一的组织主体。然而，由于政府各项财务资源的用途是由预算做出的，有必要分别核算和报告不同用途的财务资源的收支情况和结果。在这方面可以借鉴国外的做法采用基金会计主体。组织主体和基金主体并存是以美国为代表的西方政府会计的典型特征，也是政府会计与企业会计的显著差别。组织主体和基金主体的同时并存，既保证了以政府为主体对外披露政府各项财务收支活动，同时又可以分项反映政府财务资源的使用情况，确保财务资源专款专用。因而，为了全面反映受托责任的履行情况，我国政府会计主体的界定可以借鉴西方国家的做法实行“双主体模式”。

5.2.1 政府会计组织主体的界定

政府会计主体不同于企业会计主体。企业会计主体的核算与报告均是同一主体完成的，但政府会计的核算与报告主体却体现出可分离性。研究政府会计的组织主体问题，需要分别明确核算主体与报告主体两个层面。

Hendrikse（1982）曾对会计主体的确立归纳了两种观点，一是“单位说”，二是“信息使用者说”。“单位说”是以是否具备经济控制和经济活动能力，以及是否承担相应的义务为标准界定会计主体，强调“控制”观念；而“信息使用者说”则是从信息使用者的角度界定会计主体，强调“信息需求”观念。基于此，会计核算主体就应依据“控制”的理念在划定的需要单独核算的范围内，记录该主体范围内的经济资源及其变动。而会计报告主体则是指为实现其目标有权利使用资源并存在预期信息使用者的某个组织机构。政府核算主体应强调特定主体的核算要求，而政府报告主体则需考虑主体相关信息使用者的信息需求。照此分类可知，政府的报告主体一般都是核算主体，而反过来却不尽然，核算主体要想成为报告主体，就只有当信息使用者对其存在信息需求时才可以。

1）核算主体的确定

对于政府会计的核算主体，由于其作用是记录该主体范围内的经济资源及其变动，因而不需要做出特殊的分类和限定，可以沿用我国现行的预算会计做法，即将行政单位、事业单位、政府性基金确定为政府会计核算主体。其中事业单位不包括自收自支的事业单位和企业化管理的事业单位。[①]至于国有企业，鉴于它的经营性质和运营方式，笔者认为它不应作为政府会计主体进行界定，而应执行企业会计准则。政府对国有企业的投资则可单独作为政府的一项资产进行核算，并对外披露。

2）报告主体的确定

报告主体的界定既是政府会计研究中的重点，也是难点，各国政府会计改革首先要明确的就是这一问题。

美国联邦会计准则顾问委员会（FASAB）在第2号公告[②]中明确了界定报告主体的原因：

①在成本和时间约束下，保证向使用者提供所有与报告主体相关的信息。

②在每一报告层次进行合并时，保证不遗漏任何主体。

③帮助在可比报告主体间进行比较。

④帮助在提供相似服务或商品的不同方式之间进行比较。

⑤帮助评价业绩、责任、内控等，尤其是在代理一方为代理另一方提供商品、服务或为其融资时。

前已述及，以绩效管理为导向构建政府会计体系，政府会计的基本目标确立为反映政府的公共受托责任履行情况，因此，政府会计的报告主体的界定也应该遵循这一要求，关键是看该主体是否承担公共受托责任，是否存在绩效评价的信息需求。政府会计报告主体的判断标准可以包括两个主要方面：一是是否使用财政资金，二是是否承担公共职能或者提供公共物品。澳大利亚的《会计概念公告第1号——报告主体的界定》是值得借鉴的。该公告认为，报告主体的确定应以使用者信息需求为导向，只要能

---

① 本书在第一章有关“政府会计”概念界定中对此作了明确的解释。笔者认为自收自支的事业单位和企业化管理的事业单位在会计上不应纳入政府会计范畴，而应视其“公益性”划入民间非营利组织会计或企业会计范畴。

② FASAB. Statement of Federal Financial Accounting Concept No.2 of FASAB：entity and display［R］. 1995：380-430.

合理预期存在使用者的信息需求，那么其联邦政府、州政府、地方政府、政府各部门等均能作为通用目的财务报告的主体。值得一提的是，尽管澳大利亚的立法机构与其行政性政府（狭义政府）相互独立，但从广义来讲，立法机构作为整体政府的组成部分，它的公共受托责任的履行情况同样需要得到监督和评价。因此，根据该公告的界定标准，不管是狭义政府，还是广义政府（包括立法机构），也不管是政府基金，还是政府部门，只要该主体承担公共受托责任，并存在绩效评价的信息需求，就应被视为一个独立的政府报告主体。

对应我国实际情况来说，首先，各级政府应作为报告主体；其次，使用公共资源的组成单位和相关单位又构成了各级政府整体的代理人，但由于使用公共资源的单位众多，依照我国的国情，行政单位和接受预算拨款的事业单位应作为报告主体。而非预算拨款的事业单位、国有独资企业、政府控股企业等可以作为各级政府财务报告的相关单位，其主要信息以附注或附表的形式列入政府财务报告。

此外，报告主体还可以进一步细分。简单来说，既然编制通用财务报告的主体可作为报告主体，那么这个报告主体可以是单独的某个地方政府或某个政府部门，也可以是一个虽然由多个公共部门组成的，但却作为一个整体进行报告的集团主体（国际公共部门会计准则中称为“经济主体”）。例如，政府及其所属的所有独立机构、组织和企业也可以构成一个报告主体。因此，对报告主体的界定具体还可以分为单个报告主体与合并报告主体两个不同层面来分别讨论。尤其是对合并报告主体应如何确定一直是国内外学者讨论的焦点。

（1）单个报告主体

对于单个报告主体，IPSASB 采用了“目标-使用者”导向的界定方法，并且强调报告主体不限于法人主体。IPSASB 咨询稿认为，公共部门财务报告的目标是为通用财务报告使用者提供有助于其评价报告主体的受托责任以及进行资源分配、政治和社会方面决策的有关报告主体的信息。这一目标决定了报告主体的判断标准是存在依赖于该主体通用财务报告信息的使用者。以此为借鉴，我国政府单个报告主体就应在上述政府核算主体的基础上，考虑利益相关者的信息需求予以确定。在我国，单个政府会计主体可以界定为独立的会计核算主体，例如单个行政机关、事业单位，这些单位负责编制本单位的财务报告，自然就成为单个报告主体。

（2）合并报告主体

按照美国的做法，政府合并报告主体可分成各级政府及政府部门两个层面上的合并报告主体。各级政府这一层次需要编制政府整体层面的财务报告，主要可以通过编制政府合并财务报表来综合反映政府整体的财务状况、业务活动情况以及预算执行情况等。而各级政府部门层面也需要编制政府部门层面的财务报告，反映政府在某一职能方面的业务活动情况、资源占用情况和预算执行情况。

界定政府或政府部门两个层面财务报告的报告主体的核心问题在于报告主体应当由哪些部分构成，将其纳入合并范围的基础和依据是什么。IPSASB咨询稿对报告主体和集团报告主体特征的表述，为我们提供了有益的参考。IPSASB认为，公共部门独立报告主体可为多种类型，既可以是一个独立的法人实体，也可以是其他组织结构形式。而集团报告主体是由两个以上的独立报告主体组成的，它们被视为同一个报告主体。在许多国家和地区，相关的立法或法规通常要求提供包含全部所属行政单位和其他独立主体信息的政府整体通用财务报告或其他公共部门集团报告主体通用财务报告。各个国家和地区确定集团报告主体的组成主体时所采用的标准有“控制基础”“受托责任基础”“监管和实质影响基础”“主要风险和报酬基础”“共同控制基础”“公共预算拨款运营基础”“按相似功能或目的运营基础”等，其中“控制基础”“受托责任基础”“监管和实质影响基础”最为常用。综合上述分析，IPSASB咨询稿认为，判断一个集团报告主体的标准包括：第一，“权力”标准，即该政府（或其他公共部门主体）有权力统驭（govern）其他主体的战略财务和经营政策；第二，“利益或财务负担/损失”标准，即该政府（或其他公共部门主体）能够从其他主体的活动中受益，或者承担由于那些主体的经营或行动导致的财务负担；并且能够利用其权力来增加、保持或保护那些利益的数额，或者能够利用其权力保持、减少或影响由于那些主体的经营或行动导致的财务负担。

尽管IPSASB咨询稿对于政府会计主体的确定为我们提供了很好的参

考意见，但是，政府的报告主体毕竟是与各国政府的组织结构和管理模式直接相关的，界定我国政府报告主体，需要从我国的实际情况出发，结合政府改革趋势进行研究。我国目前的预算会计体系尽管包含了汇总各预算单位收支情况并层层上报的制度安排，但由于各类预算单位会计标准不统一，加上受到资金核算范围不够全面等因素影响，导致最终形成的决算汇总数据不仅无法反映政府整体层面的资金收支全貌，而且与反映政府整体层面的财务状况和运营情况的合并财务信息更是相去甚远。建立政府合并财务信息报告制度将是改革的一项重要内容。具体来说，我国可以借鉴美国的成功经验分部门和政府两个层面确定合并报告主体。就部门层面而言，合并报告主体可以根据部门预算的要求，主要涵盖该部门下属的行政事业单位。政府层面的合并报告主体的合并范围可以大致涵盖部门、基金和转移支付三大类。但从长期发展看，我国政府层面的合并报告主体的范围可以考虑以人事任免权、主管决策权作为标准进行划定。

5.2.2 政府会计基金主体的界定

组织主体和基金主体并存是以美国州和地方政府会计为代表的西方政府会计的典型特征，也是政府会计与企业会计的显著差别。基金报告主体是组织主体的子系统，以“基金”界定会计的空间，把按照法律法规或其他限定用途的各种财务资源分别设立基金，按基金组织财务收支和会计核算，基金与基金之间必须分开核算、分开报告。因为基金会计与财务报告体系设置的目的就在于实现政府财务资源的专款专用，所以构建基金报告主体对于反映政府合规性受托责任信息具有重要意义。如果不采用基金报告模式或其他方式披露更为详细的政府财务信息，即使编制了政府合并财务报表也会使得政府财务信息过于宏观，难以满足信息使用者对不同层次的政府财政信息的需求。

我国当前在政府会计实务中对有些预算资金，尤其是基金预算的管理实际上已经为采用基金报告主体打下了良好基础。美国州和地方政府的基金会计模式极为复杂（如图5-1所示），并不完全适合我国目前的国情，因而不能全盘照搬美国的基金会计模式。但我们可以借鉴美国的基金会计的合理内核，对个别项目的核算采用基金会计形式，编制基金财务报告。

具体而言，可以依据我国目前的情况，一方面应该对具有特别意义的专用性资金采用基金报告形式（比如社保基金），另一方面应该对大型的基本建设项目资金实行基金报告方式，以加强对这些项目资金使用情况的监督。项目基金报告实施的难度在于这些项目可能涉及多个部门，初步设想只能是依托部门预算报告的不断完善，以便为编制项目基金报告提供更便捷的信息来源。

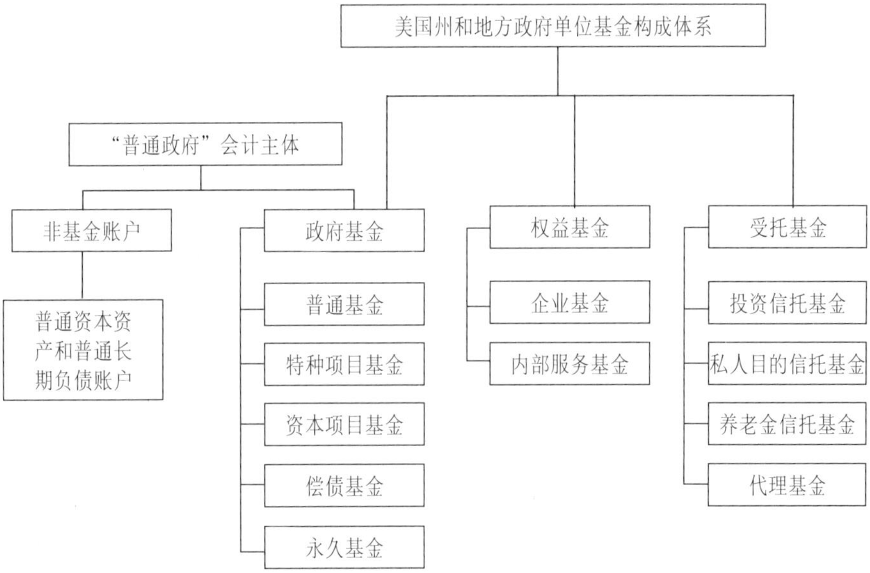

图5-1 美国州和地方政府基金会计和报告主体

5.3 会计核算基础的选择

世界各国政府长久以来一直是以收付实现制为主要核算基础的。但这一传统随着20世纪八十年代初开始的“新公共管理运动”而逐渐被打破。一些发达国家（如经合组织成员）发起了变革，其核心是将企业管理理念引进政府公共部门，强调政府和公共部门必须重视财政绩效和受托责任，要求政府财政预算更加透明，会计信息更加完整。这样，以新西兰、澳大利亚为代表的发达国家开始采用权责发生制作为政府会计确认基础并取得了巨大的成功。这些国家的政府会计变革成功效应迅速波及其他国家，会计基础由收付实现制转向权责发生制作为在这场变革中的核心内容，被越来越多的国家所接受，并逐渐演变成一种趋势。

5.3.1 会计核算基础的基本类型及应用现状

会计核算基础的确定，本身是一项较为复杂的工作。会计核算基础在类型上表现为较多种类，在进行选择时往往需要审慎考虑，综合多方面条件，最终敲定一种或几种会计核算基础。

1）会计核算基础的基本类型

会计核算基础具体是指为了编报财务报告进而决定在何时确认交易或事项的影响。会计核算基础在类型上大致可以分为收付实现制、修正的收付实现制、修正的权责发生制和权责发生制四种。这四种类型的会计核算基础体现为以收付实现制和权责发生制为两个端点的一个选择区间。其中修正的收付实现制和修正的权责发生制是中间的过渡类型。

（1）收付实现制

在收付实现制下，交易或事项只在收到现金或付出现金时予以确认，并计量某一会计期间收入现金和付出现金差额的财务成果，向使用者提供关于报告期间取得现金的来源、运用和报告期末现金结余的信息，而不报告非现金资产存量的价值、负债或提供服务成本信息。举例来说，当政府举借外债取得资金时，应于当期记为收入，实际偿还时再作为支出。

根据收付实现制的要求通常只需编制现金收支表，而不编报反映组织净值的资产负债表。对支出的会计核算中不区分资本性支出和经常开支，也不进行收益和成本的配比。因此，当会计核算只关注现金余额并控制其变化时，收付实现制是不错的选择。

（2）修正的收付实现制

修正的收付实现制是指在财务报表中包括有关主体在会计年度结束后的短时期内导致现金收入或现金付出的交易或事项的信息，使财务报表主要报告主体在报告期内流动的或短期的财务资源。实质上，修正的收付实现制是针对传统会计核算基础收付实现制的不足所做出的一种局部调整，在应用主体内容上比较接近收付实现制。

（3）修正的权责发生制

修正的权责发生制是指从财务报表中去掉长期性项目，使财务报表主要报告货币性资产和货币性负债，以反映主体未来对资金的需求。权责发生制作为传统的会计核算基础，尽管有着众多优点，但单就工作的复杂程度而言相比收付实现制就复杂了很多，应用成本自然会大幅增加。因而，修正的权责发生制正是为简化工作而产生的权宜之计，它在本质上更接近于权责发生制核算基础。

（4）权责发生制

在权责发生制下，收入和支出（费用）要求在交易或事项发生时予以确认，而不考虑什么时候收到现金或付出现金。因此，收入反映会计期间已实现的数额，不管款项是否在本期收到，支出反映会计期间已经消耗的货物或服务的数额，不管款项是否在本期内支付。

权责发生制为真实报告组织的现有资源和未来责任提供了一种手段。在预算管理上，以产出为基础编制计划，并按照其成本进行评价。权责发生制能够为会计信息使用者提供主体控制的经济资源信息，提供相关成本信息，提供用于评价经济主体财务状况和活动效率的有用信息。这样会使会计基础更具决策相关性，预算方案更符合政府长期战略目标的要求，因而它是关注经济资源及其变动的合理选择。

2）会计核算基础的应用现状

各国政府对会计核算基础改革的程度各不相同，可大致划分为美国模式、英国模式和德法模式三大类。具体从实施权责发生制的范围和实施层面来看，各国各具特点。

在实施范围方面，各国的做法可分为三种：一是对所有政府会计科目都实施权责发生制，固定资产计提折旧。如澳大利亚、新西兰、加拿大、芬兰、瑞典，它们实施的就是完全的权责发生制。二是对主要会计科目采用权责发生制，部分资产和负债科目仍采用收付实现制。如冰岛和意大利，它们实行的是修正的权责发生制，只是不对固定资产计提折旧。三是除特定的交易采用权责发生制外，均按收付实现制核算，如丹麦、法国、波兰。在丹麦，利息费和员工养老金均按权责发生制核算。

在权责发生制实施的层面上，各国也各不相同：一种是整个政府层面和各政府部门均采用，如美国、英国、澳大利亚、新西兰等国。另一种是只在政府机构、部门层面上采用，而在整个政府层面则以收付实现制为核算基础。如比利时、德国、法国、荷兰、葡萄牙、瑞士，这些国家财政部门对各机构拨付款项时，采用收付实现制；而在各机构取得收入、发生支出时则采用权责发生制。

我国传统的预算会计体系一直以收付实现制作为主要的会计核算基础，在新一轮政府会计改革中，会计核算基础改革的进程直接决定了此次改革的总体进程。无论是政府财务会计，还是政府成本会计都要求改革原有的收付实现制核算基础。但放眼世界，各国在会计核算基础的变革上采取的态度各不相同。在从收付实现制到权责发生制会计核算基础的选择区间中，究竟应选择哪种类型，是直接转变为权责发生制，还是选择中间过渡类型的修正的收付实现制，或是修正的权责发生制值得我们仔细思考。

5.3.2 基于政府绩效管理角度评价政府会计核算基础

在上面述及的四种会计核算基础中，修正的收付实现制和修正的权责发生制实际上只是介于收付实现制和权责发生制之间的两种过渡形式，它们的本质依然是倾向于其中的收付实现制或权责发生制。因而，评价政府会计核算基础主要从收付实现制和权责发生制两个类型入手即可。

1）对收付实现制的评价

（1）收付实现制的优点

政府收入主要不是源于公共物品的销售或服务的提供，而是由法律赋予的强制征税权力取得的。政府部门活动的持续能力和偿还能力取决于政府继续为之提供资金的意愿，而非取得回报的能力。收付实现制提供了一个报告组织支出总额的简单而有效的途径，它既是反映公共部门的受托责任的基础，也是政府编制预算的基础。

收付实现制在政府会计领域得以广泛应用是与其优点紧密相关的。收付实现制直接对货币收支加以记录，因而在精确衡量预算对信贷以至国民经济的影响，进而实施货币调控政策方面，具有独特的优越性。其操作简单、易于理解，数据处理成本相当低廉。

（2）收付实现制的缺点

收付实现制反映的受托责任狭窄，提供的财务信息相关性较差，对于新公共管理体制下和国际竞争环境下的政府绩效最大化目标、信息透明度问题、为社会公众维护国有资产的责任等，可能无能为力有时甚至会误导政府决策。因而，针对收付实现制的改革成为政府会计改革的关键所在。

以收付实现制作为我国政府会计核算基础的不足之处主要体现在以下几个方面：

第一，不利于防范政府债务风险。收付实现制不能全面反映政府债务。在收付实现制下，政府负债只核算政府当期实际支付现金的直接显性负债（政府债券和政府借款等），而对于当期业务已经发生而资金尚未支付的直接隐性负债（政府欠发工资、社会保障基金缺口等）以及可能引起财政支出增加的或有负债（政府担保债务、金融机构不良资产等）等财务状况不能进行真实的反映。

第二，不利于考核政府部门运营绩效。收付实现制以会计期间款项的实际收付为标准入账，这就使得当费用发生与支付不在同一期间时，会计记录的支出不能正确反映当期政府活动所支付的代价，造成资源利用率低，绩效管理水平低。政府的有效运行主要依靠现金流量和现有财产资源。在收付实现制下，不考虑各部门运转过程中对现有资源的耗费，缺乏有效的资产运行成本监管机制，不能真实、准确地反映各政府部门和行政单位提供公共物品和服务的成本耗费与效率水平，造成资源的严重浪费和流失，政府部门的运营绩效不能得到准确的披露和评价。

第三，不利于全面反映政府的资产状况。目前我国的总预算会计中没有要求核算和反映政府的固定资产。行政、事业单位会计虽然对固定资产进行会计核算，但在财政预决算报表中，只是作为补充资料予以附列。在实际核算中，购置固定资产只是作为“经费支出”，政府固定资产一经入账，便退出了政府和公众的视野，不能再对其进行追踪和监管，有关固定资产的会计信息不能得到全面而准确地反映和披露。在市场经济条件下，政府投资已从无偿拨款逐步发展到有偿贷款、国有股份等多种形式。但是，现行的预算会计核算只反映当期的支出，不能对国有股权进行确认、计量和报告，无法真实地反映政府这部分资产的状况，难以实现对国有资产的有效管理。

第四，不利于正确处理年终结转事项。在收付实现制下的财政总预算中，存在跨年度支出而出现结余不实的问题。现行的总预算会计制度中，大部分支出是以财政拨款数列支的，即按国库实际拨出款项列报支出。在预算执行过程中，有些较大项目需要跨年度实施，拨款按项目进度分次拨付。这时候，就可能会出现实际拨款数小于项目所需金额的预算支出数，预算平衡表也因此出现结余，而实际上是已实施项目应付未付的资金，并不是真正的预算结余。此外，各级政府部门在年度预算执行过程中经常会遇到预算已经安排，但由于各种原因当年无法支出的问题。如果按照收付实现制的要求处理，年终就容易出现结余“虚增”现象，由此会影响预算信息的真实性。

总之，收付实现制不能显示财务状况及财务绩效的全貌，低质的财务信息又导致低水平的财务管理和预算管理，因而不适应新的政府会计改革的要求。

2）对权责发生制的评价

（1）权责发生制的优点

①权责发生制能够全面反映政府财务状况。相比收付实现制主要反映现金收支，权责发生制最大的优势体现在它对资产和负债的如实反映。在权责发生制下，政府全部的财务状况都能够得到全面反映，因而可以为政府提供机会改善资产和负债的管理，同时也为广泛的政府会计信息使用者提供更为丰富的财务信息。2008年金融危机的爆发导致冰岛、希腊等国政府，以及美国的纽约州政府资不抵债，濒临破产。如何从会计的角度界定政府破产概念，防范政府债务风险，值得研究。我国现行的预算会计难以反映政府偿债能力与财务风险，因此，通过权责发生制基础的引入，建立能够全面反映政府财务状况与运营业绩的政府会计体系显得十分必要。

另外，客观全面地反映政府财务状况，也有助于政府以此为依据做出正确的投资、融资决策，从而使政府部门可以更多、更好地吸收民营资本、外资等进行合作开发基础设施项目，进一步加强政府的宏观管理能力。

②权责发生制有助于政府绩效的评价。随着我国政府开始推行问责制

和公共财政体制要求对财政资金的使用进行追踪问效，财政部门以及其他有关部门都在逐步建立绩效评价体系，以对政府部门及官员进行有效的制约和监督。收付实现制虽然能够体现政府当期现金收付的平衡，但是由于其核算不能充分反映政府公共服务的相关成本，难以准确揭示政府的财政状况，最终不利于对政府的绩效评价。在权责发生制下，政府由侧重资源和权力的使用转向重视产出和结果，并将重点放在提供公共物品和服务的数量和质量上。另外，权责发生制要求对政府提供的产品、服务与成本、费用进行配比。在配比基础上确定产品或服务的成本使得管理者必然把视野从现金控制转向资源优化配置层面，从而有效提高政府对资源的利用率和公共部门服务质量，使得社会资源得到最优化、合理的配置。由此可见，权责发生制不仅有利于政府内部绩效的改进，同时也为科学、客观地评价政府绩效成为可能。

③权责发生制有助于增强政府财务透明度。根据契约经济学理论，社会公众与政府之间是一种委托-代理的契约关系。在政府预算监督过程中，相关利益主体多，委托-代理链条长，契约关系模糊，使得公众作为委托人对政府这一代理人的行为难以了解，进而产生监督上的障碍。在收付实现制下，政府作为代理人拥有信息优势，很容易利用信息不对称和不完备契约从自身利益出发而损害委托人——社会公众的利益。在我国民主法制化建设水平日益提高的今天，广大社会公众越来越需要通过全面和透明的信息来评估政府的公共受托责任。在此呼声下，政府职能的重点也相应转向公共物品的提供，政府功能向服务型、管理型、绩效型转换。而权责发生制的应用恰好能为解决这一问题提供有效帮助。权责发生制使得政府的各种财务信息更好地展现在社会公众面前，增强了政府财务透明度，社会公众可以更便捷地获取政府的综合信息，从而减少因信息不对称而导致的自身利益被损害情形，同时也加强了对政府的监督。

④权责发生制有助于政府财政预算管理制度的改革。从20世纪90年代末开始，我国财政改革的重心从财政体制转向财政管理，其核心是构建与市场经济体制相适应的公共财政管理框架。在一系列财政预算管理制度改革措施中，最引人注目的是建立了部门预算制度、政府采购制度、国库单一账户制度。要完善财政预算管理制度，就必须要求政府保证资金使用

的有效性、财政管理的透明性、部门预算的合理性以及政府采购成本的公允性。在收付实现制下，这些基本要求无法在政府会计信息中得以完整反映。权责发生制的引入将能够很好地改善政府会计信息质量，适应财政预算管理制度的改革。

⑤权责发生制有助于文化观念的更新。现行预算会计不进行成本核算，不能反映政府单位的成本控制和投入产出情况。绩效考核因缺乏可靠的数据来源而不能深入，行政管理自然缺乏来自绩效方面的压力，导致政府动用社会资源多而服务效率偏低。变革性地引入权责发生制，将使得政府管理者对政府预算及其行为控制、业绩管理有更深刻的认识。从现有实践来看，权责发生制确实推动了对政府资源的有效管理。新西兰、澳大利亚等国在对权责发生制基础信息判别的前提下，采取资本费用征收措施。也就是说，政府部门占有和购置的资产不是“免费赠品”，而是需要为降低费用努力，及时发现和处理闲置不良资产，提高资源使用效率。澳大利亚国防部在2000年出售或租出了其位于三个主要城市的闲置地产。因此可以说，从收付实现制到权责发生制是一种政府文化观念的更新，它必将给政府的各项管理工作带来巨大的变革，使政府绩效管理水平得到大幅度的提升。

（2）权责发生制的缺点

权责发生制强调收入、费用的配比，尽管比收付实现制核算内容全面，但也存在着核算原理比较复杂，业务处理较为烦琐等问题。权责发生制的应用意味着应用成本大幅提高，对于会计人员的素质也提出较高的要求。政府的业务活动与企业的业务活动相比要简化很多，如果将政府会计的会计核算基础由收付实现制改为权责发生制，势必意味着较大的改革成本，改革的进程也会受到多种因素的阻碍。由此看来，权责发生制并不是完美的核算基础，在会计核算基础的选择过程中要充分考虑到它的弱点，审慎做出政府会计核算基础的改革决定。

5.3.3 基于绩效管理的政府会计核算基础的现实选择

权责发生制是会计核算基础，之所以能够在新一轮政府会计改革中备受关注，是因为它建立在经济资源流动观的基础之上，比收付实现制的核算范围更大，能够更加全面、客观地提供有关政府资产、负债、收入、费用等财务状况和财务业绩信息，在公共部门财务管理、财政风险防范，政府绩效预算和评价等方面更具优越性。

政府会计从收付实现制到权责发生制的转变是一个必然的趋势，这一观点在国内外学者中已达成共识。但如何引入权责发生制，引入的程度如何确定需要慎重考虑。按照政府会计具体目标的双目标（即预算管理目标与财务管理目标）定位，如果笼统地引入权责发生制基础则会影响预算管理目标的实现，而如果保持收付实现制基础则又难以实现财务管理目标，无法满足绩效评价需求。权责发生制基础的引入是政府会计改革中尚待解决的难点问题，需要立足我国的国情以及我国社会经济发展程度与经济体制改革的现状予以全盘考虑。考虑我国政府会计的双目标定位、我国财政预算体制改革趋势、我国公共部门会计核算水平等因素，预算会计核算内容应以收付实现制为主，对应的预算（收支）执行情况表和现金流量表采用以收付实现制为主的会计基础；财务会计的核算内容应以权责发生制为主，对应的资产负债表和运营表等采用权责发生制的会计基础；权责发生制应分阶段、分项目、分主体渐进式引入。

1）实行“双轨制”会计核算基础的原因

是否应在现行以收付实现制为主的会计核算基础上引入权责发生制，实行收付实现制与权责发生制并行的“双轨制”会计核算基础，需要从政府会计与政府预算关系的角度来探讨。如果会计是服务于预算的，那么政府会计应尽可能采用收付实现制基础，以便反映预算收支。如果预算服务于会计，那么不但会计系统可以采用权责发生制基础，甚至政府预算也应该采用权责发生制基础。事实上，政府会计和政府预算是密不可分的，政府会计是政府预算功能实现的基础与条件，它为预算提供全面的服务，具体包括：全过程的服务，即从预算决策到执行，到评价，再到监督的全过程服务；全功能服务，即政府会计不仅要为预算的计划功能服务，还要为预算的控制和管理功能服务。因此，政府会计核算基础的选择必须适应预算管理改革的要求。

这样一来，以收付实现制为基础进行预算会计核算，能够更好地反映预算执行情况，核查政府开支是否遵守预算授权和法规要求。在此基础上，应以收付实现制编制预算执行情况表，而且在可能的情况下逐步实现对预算支出周期全过程的确认、计量和报告。另外，还需以收付实现制编制反映政府控制的全部现金资源状况的现金流量表。但同时，政府会计又不仅仅服务于政府预算。政府为履行对社会公众所承担的广泛的受托责任，必须对政府全部资源进行有效管理，向社会公众提供有助于评价政府绩效的相关信息。而我国目前采取单一的收付实现制会计基础无法满足评价政府长期财务状况和有效追踪政府投入产出成果的绩效评价的信息需求。权责发生制会计基础正好弥补了收付实现制的不足。在权责发生制下，采用与企业会计相似的确认原则与计量方法，能生成反映政府财务状况的资产负债表信息以及反映当期运营活动成本绩效的运营表信息。因而，从全面反映政府财务状况及绩效信息的角度来看，应该在财务报告中引入权责发生制，编制权责发生制的资产负债表、运营表及成本表等报表。

另外，“双轨制”会计核算基础的引入也是我国政府会计具体目标达成的内在要求。我国政府会计具体目标包含预算管理目标和财务管理目标两个层面。以预算管理为目标的政府预算会计系统，需要服从我国现行的预算管理体制，着重反映政府预算收支，采用收付实现制基础进行核算；而以财务成本管理为目标的政府财务会计、成本会计系统，则需要反映政府的资产、负债以及成本信息，需要引入权责发生制基础进行核算。

2）实行“双轨制”会计核算基础的具体方式

（1）政府会计核算基础改革的模式

政府会计核算基础改革的模式大体上可以归为两大类，即激进式和渐进式。任何一个想要持续发展的政府组织都需要运用战略思想，立足现在并着眼未来，量力而为地做出对社会和公众的改革承诺。就我国目前的经济发展水平、公共管理变革步伐以及技术环境而言，无疑应该选择渐进式的改进取向。虽然渐进式的改进取向是一种现实而合理的战略选择，但政府会计确认基础从具体运用层面看，需要考虑与预算基础协调的问题。从一般意义上讲，政府会计确认基础并不需要与预算编制基础一一对应。研究表明，许多经济转型国家在实行政府会计权责发生制改革的基础上，依然采用收付实现制预算。但是，笔者认为这种选择只能是政府会计确认基础改革在前，而不能相反。从我国目前的情况看，预算编制基础不仅面临绩效预算的问题，同时也会受到来自财政透明度的压力，因为国际货币基金组织所推行的政府财政统计手册（GFS）就采用了权责发生制基础。政府预算编制基础的改革趋势需要政府会计确认基础的改进来提供基本的信息（数据）来源，这会使得政府会计确认基础改进的任务越来越紧迫。

（2）政府会计核算基础改革的强度

在现行收付实现制为主的核算基础上进行改革，改革的强度直接取决于引入权责发生制的程度。在会计核算基础的类型上从收付实现制过渡到权责发生制的区间中，居于两者之间的会计核算基础主要有两种类型，一种是修正的收付实现制，另一种是修正的权责发生制。尽管这两种过渡类型的会计核算基础在一定程度上反映出从收付实现制过渡到权责发生制的过程中，会计核算基础逐渐接近权责发生制的不同状态，但对于我们国家引入权责发生制的复杂进程来说还不能完全满足需要。因而，出于对我国实际情况的考虑，国内很多学者对引入权责发生制的强度做了很多探讨。其中，陈立齐和李建发（2003）提出的观点比较具有代表性。他们将权责发生制的强度分为四种类型。第一种为“低度”权责发生制，只反映短期金融资产和短期负债；第二种为“中度”权责发生制，增加反映长期金融资产和长期负债；第三种为“强度”权责发生制，甚至在资产负债表中反映各类资本资产；第四种为“完全”权责发生制，迫使政府把法律赋予的提供社会保障和福利义务反映为债务。同时他们提出，权责发生制强度越高，风险就越大，需要解决的计量问题就越多，结果就会更加主观。

究竟应该选择何种强度的权责发生制，应考虑以下因素：一是绩效评价的需求性和迫切程度；二是对引入权责发生制的成本效益进行权衡；三是对称原则（政府资产与负债同等程度地引入权责发生制）的运用；四是计量难度对引入权责发生制的影响；五是国家安全等原因对引入权责发生制的限制。同时应注意区别对待政府的行政型活动和商业型活动。对于目前政府行为中的商业型活动，因其与企业盈利行为相似，可以直接引入企业会计的权责发生制，但政府的非营利性特征决定了商业型活动将逐步退出政府行为的范畴。此外，还需要清楚地认识到，越是从长期的观点以及政府责任的广泛性来评价政府，就越要实行彻底的应计制。

笔者认为，综合分析政府财务资源性质、会计要素的可计量性以及会计主体所处层面等因素会得出明确的结论。第一，政府支出和收入如果性质不同，那么它们在管理要求上也会有很大的不同。根据我国目前的实际情况分析，债务收入和支出以及社会保障支出等是目前迫切需要改革管理和控制方法的政府财务资源，而不是日常行政性支出或收入。第二，会计要素要想在报表上得到公允的反映，就必须能够按照一定的标准进行计量。而森林等自然资源、政策承诺等隐性负债在计量上显然难度较大，这就使得在强度权责发生制下，国家性的资产和负债是否能可靠计量成为较难攻克的难题。第三，权责发生制强度会由于应用主体的不同而有所差异。例如，中央政府、地方政府和行政单位所处层级不同，它们各自承担的公共受托责任自然不同，而由此所产生的资产和负债的内容也必然有所差别，因此需要分别考虑。

根据对上述三个因素的分析，可以初步归纳出渐进式改革取向的具体思路：从低度的权责发生制逐步向中度权责发生制以至于完全权责发生制的方向发展。但这种渐进模式本身并不是僵化的直线发展，而应是一个动态的非均衡的发展过程。首先，根据我国目前防范财政风险的现实需要和政府财务资源的性质，对政府债务实行权责发生制是十分迫切的，可以作为权责发生制改革的切入点。其次，根据会计要素计量的难易程度，可以沿着先反映金融资产，再考虑一般固定资产，最后考虑公共基础设施、国防资产、自然资源和无形资产；先反映直接负债，再反映预计负债和或有负债的思路来循序渐进。最后，根据会计主体所处层级，政府的层级越高，其所提供的公共物品的“公共性”就越强（比如国防），相对来讲绩效评价的理论支持就越弱，实施权责发生制的难度就越大。相反，层级越低的政府提供的公共物品就与私人物品有更大的可比性，实施权责发生制的理论支持相对较强，风险也就越小。所以，我国政府会计权责发生制改革应该沿着从下往上的思路，从地方积累经验逐步向中央政府层面拓展。

（3）政府会计核算基础改革的可行方案

实行“双轨制”政府会计核算基础需解决收付实现制和权责发生制的财务数据信息的协调问题。我国执行的新《政府会计制度》采用的就是“双基础”“平行记账”的做法。具体做法就是设置两套账户，即设置一套收付实现制的预算收支会计账户的同时，再设置一套权责发生制核算基础的财务会计账户，当发生既影响预算收支，又影响资产、负债、收入、费用发生变化的业务时，采用两笔分录同时在两套账户记录，对于只涉及一类业务的，分别在相应类别账户记录。期末可直接根据报告需要编制收付实现制的预算执行情况表和权责发生制的资产负债表、收入支出表和现金流量表。“双轨制”政府会计核算基础可以更透明地报告政府的预算和财务绩效信息，未来政府成本会计也应在权责发生制的核算基础上进行构建，从而有助于全面解除政府的受托责任。

5.4 会计要素的构成

政府会计要素是对其核算内容的具体化，也是对会计对象的进一步分类。会计要素的界定有利于会计科目的设置，也有利于准确设计会计报表的种类、格式和列示方式。会计要素一般是按照其内在特征进行界定的，即按照相互独立的方式定义。只有净资产是用其他两个要素进行界定的，以便保持财务状况表和资源流动表之间的勾稽关系。基于绩效管理构建我国的政府会计体系，合理确定会计要素的构成及定义是其中非常重要的基础性工作。重新界定我国的政府会计要素，需要合理借鉴各国际机构的相关规范，同时也要结合我国政府会计改革的实际情况具体问题具体分析，形成适合于我国的政府会计要素体系。

5.4.1 政府会计要素与企业会计要素构成的比较

从政府会计要素的基本构成来看，主要包括资产、负债和净资产三个静态要素以及反映政府主体经营活动的收入、费用（支出）两个动态要素。而我们所熟知的企业的会计要素包括资产、负债、所有者权益、收入、费用和利润六大类。

将政府会计要素与企业会计要素相比较就会发现，由于政府的非营利性使得其会计要素没有利润要素，这是企业会计要素和政府会计要素中最大的区别。另外，以净资产要素为例，对企业而言，有相当部分的经济资源来自于所有者的投入并由此形成所有者权益，然而任何个人和组织都不会因为向政府提供经济资源而成为政府的所有者。政府会计中的净资产没有所有权归属的特定含义，因而政府会计要素中没有所有者权益要素，取而代之的是净资产要素，在数值上它等于资产扣除负债后的余额。此外，政府会计中的支出（费用）要素与企业会计中的费用要素的含义差别也较为明显。政府会计中的支出是指政府及行政事业单位为实现其职能或开展业务活动，对财政资金的再分配或所发生的各项资金耗费或损失。而企业会计中的费用是指企业在日常活动中发生的、会导致所有者权益减少的、与向所有者分配利润无关的经济利益的总流出。相比较而言，政府会计中的支出要素核算的内容比较复杂，有日常性支出，也有资本性支出，还有资金的分配等。

具体分析政府会计要素与企业会计要素差异的原因，可以概括为如下几点：一是我国预算会计与企业会计的核算基础不同，前者以收付实现制为主要核算基础，后者则实行权责发生制；二是会计主体的性质不同，预算会计属于非营利组织会计，没有具体的所有者，而企业会计有具体的所有者；三是预算会计与企业会计核算的业务性质不同，前者核算的是非营利性业务，后者核算的是营利性业务。

5.4.2 各国际组织对政府会计要素的界定

国际货币基金组织一直致力于在全球范围内推动各国建立良好的财政管理体制，并且认为提高财政透明度是改善财政管理的关键之一。为此，国际货币基金组织理事会于1998年先后通过了《财政透明度良好做法守则——原则宣言》和《财政透明度手册》，并在2001年对这两个文件进行了修订。《财政透明度手册》中对政府会计要素的分类做出了详细的阐述。此外，国际会计师联合会公立单位委员会（以下简称PSC）也对会计要素的概念及具体内容做出了详细规定。另外，作为制定美国州和地方政府会计与财务报告规范的民间机构，GASB（政府会计准则委员会）在陆续发布了概念公告以后，又于2006年发布了第四号概念公告“财务报表要素”的征求意见稿（ED），其中也有较为详尽的对政府会计要素的阐述。各国际机构在政府会计要素界定方面的工作成绩将为我国政府会计要素的分类及内涵界定起到良好的示范作用。

1）资产要素的界定

《财政透明度手册》要求将资产分为金融资产和非金融资产。金融资产是可供政府用于清偿负债或承诺，或者为未来活动提供资金的资产，其具体分类主要基于有关金融工具的流动性和法律特征。比如，金融资产按金融工具的特征可分为金融债权、货币、黄金及基金组织分配的特别提款权。金融债权又可细分为货币和存款、非股票证券、贷款、股票和其他权益、保险技术准备金、金融衍生工具和其他应收账款。金融资产按金融工具的债务人的居民地位又可分为国内金融资产和国外金融资产。非金融资产则可分为固定资产、库存、贵重物品和非生产性资产。《财政透明度手册》同时要求，“中央政府应公布全面的关于债务和金融资产规模和构成的信息。披露金融资产和负债的充分信息，使政府能够评估筹集资金并偿还债务的能力，估计需履行现有的全部承诺所需的未来收入，同时为评估财政可持续性奠定了基础”。对于金融资产，应报告全部金融资产和比较信息，披露金融资产的计量方法及对金融资产的限制等。而对于负债，则应报告全部债务、债务规模及比较信息，披露债务计量方法、未确认的或有负债以及债务拖欠本利等。

将政府资产定义为政府能够控制的经济资源，这些经济资源能够提供未来服务潜能或带来未来经济利益。同时，PSC在其研究报告中认为，在政府单位中，资产可以分成如下三类：（1）金融资产；（2）实物资产；（3）无形资产。其中，金融资产一般包括现金和临时性投资、应收收入（包括应收账款、应收税款、应计税款）、向其他政府的贷款和预付款、其他贷款和预付款、投资、衍生工具以及预付款。在政府单位中，实物资产是指除金融资产和无形资产外的一类资产。实物资产通常指非流动资产或长期资产。存货通常作为流动实物资产。长期实物资产包括固定资产、基础设施资产、投资、遗产、国防或军用资产以及自然资源。在政府单位中，无形资产的范围可能比较广泛。政府通过发行许可证等方式而给其他报告主体带来无形资产。但当这种权力已经正式得到确立并且在没有将其出售之前，就形成了政府的无形资产。

GASB对资产下的定义：资产是指主体当前控制的资源。其中，对资源的控制是指主体获得该资源的服务潜力，并决定体现其中的现时服务潜能的利用方式和性质的能力。

2）负债要素的界定

《财政透明度手册》认为债务应按剩余期限分类，划分为短期、中期或长期债务，必要时应提供按居民划分的国内和国外债务，或按发行货币、债务持有人和/或债务工具划分的债务。负债按金融工具的特征可分为货币和存款、非股票证券、贷款、股票和其他权益、保险技术准备金、金融衍生工具和其他应收账款。负债按金融工具的债权人的居民地位可分为国内负债和国外负债。

PSC认为，政府负债代表政府需要履行的责任，通常是指由于过去事项而承担的现实义务，该义务的履行会导致含有经济利益或服务潜能的资源流出主体。PSC在其第11号研究报告中，将政府负债分成如下类型：（1）由购买货品和服务而形成的应付账款；（2）应付利息；（3）应付工资；（4）应付带薪假期工资；（5）雇员养老金责任或其他应计雇员利益；（6）在有担保和赔偿物的情况下有足够证据表明很有可能需要支付的应付账款；（7）与预收收入相关的负债；（8）应付转账；（9）发行的货币；（10）与融资租赁相关的租赁负债；（11）银行贷款或其他短期借款；（12）长期债务；（13）环境负债；（14）意外补偿计划中的责任。

GASB认为负债是主体必定要付出资源或未来资源的现时义务，义务是一种责任、职责或强制任务。必定要付出资源这是主体控制范围以外的，许多负债不可避免是因为具有法律强制性。一般而言，法定负债源于政府立法或契约关系，可以是书面的或口头的。产生于契约关系的法定负债，如应付工资、应付债券；产生于立法的法定负债，如某些污染整治义务。对于交换交易，当基础交易发生时，相应的义务就变成法定负债。对于某些类型的非交换交易，法律执行机制不存在或不切实际。如对于政府作为补助方的情形，当受助方达到资格要求时，就产生了一项负债。

3）净资产要素的界定

《财政透明度手册》中将资产总额减去负债总额的差额作为平衡项目，称为净值。净值是一个财富指标，净值的变化反映了政府的财富变化。不过净值的概念与政府净资产概念并不能等同。

GASB对净资产的定义：在财务状况表中列报的所有其他要素的剩余。净资产是财务状况表的要素，并按以下两方面金额的差异来计量：资产和递延资源流出，负债和递延资源流入。

4）收入要素的界定

《财政透明度手册》指出收入是由交易造成的净值增加。收入可分为交换性交易收入和非交换性交易收入。对于政府来说，主要有四种收入来源——税收和政府单位实行的其他强制性转移、从其他所有单位得到的自愿转移、来自资产所有权的财产收入、出售商品和服务取得的收入，前面两种属于非交换性交易收入，后面两种属于交换性交易收入。GASB没有采用收入这一基本要素分类，而是采用了资源流入的概念。

5）支出要素的界定

《财政透明度手册》认为，支出是由交易产生的净值减少。政府有两大经济责任：一是承担以非市场基础向社会提供部分商品和服务的责任；二是通过转移支付对收入和财富进行再分配。这些责任主要通过支出交易来完成。《财政透明度手册》中要求按照《政府财政统计手册》进行支出的分类。后者要求首先按照经济和职能分类：支出按经济分类可分为雇员补偿、商品和服务的使用、固定资本消耗、利息、补偿、赠与、社会福利、其他支出；支出按职能分类可分为一般公共服务支出、国防支出、公共秩序和安全支出、经济事务支出、环境保护支出、住房和社会福利设施支出、医疗保健支出、娱乐、文化和宗教支出、教育支出、社会保护支出等。

GASB同样也没有采用支出这一基本要素分类，而是采用了资源流出的概念。资源流出是主体在报告期对净资源（资产减去负债后的净额）的消耗。

5.4.3 我国政府会计要素的重新审视

对于建立我国新的政府会计体系，政府会计要素的准确界定至关重要。原有的预算会计体系由于核算内容较少，因而各会计要素的定义范围较窄，不能满足政府绩效管理的需要。基于绩效管理为目的构建我国的政府会计体系，在会计要素的界定上必然要做出一番大的改动。

1）资产要素的改进思路

在很长的时期内，许多西方国家的议会努力地控制政府的收入与支出，政府的受托责任主要是保证收支的合法性。随着西方市场经济的发展，议会监督的视线延伸到了政府会计中的“资产”。合理界定政府会计“资产”是实现有效核算与监督的前提，它一方面可以明确政府资源的产权，确保政府活动的合法性，另一方面可以减少政府资源的浪费与流失，有助于提高政府资源使用效率。

我国对于政府会计中资产要素的认识过程与西方国家较为相似，也同样经历了被忽视再到逐渐重视的过程。

我国政府会计在过去很长一段时间内一直较重视预算收支活动，但未重视对资产的核算。1950年颁布的《各级人民政府暂行总预算会计制度》规定的五个会计要素包括资产、负债、资产负债共同类、岁入、岁出。1953年修订的预算会计要素包括金库存款、预算支出、预算收入、往来款项、预算执行结果。1966—1989年，预算会计要素包括资金来源、资金运用、资金结存。以上各种会计要素的规定与我国当时政府资源紧缺、政府资源大部分应用于国营企业经营、公共产权等因素有关。

1997—1998年制定的一系列的预算会计制度可以体现出我国在很长一段时间内对于政府会计要素界定的主要观点。我国在1997年制定的《财政总预算会计制度》中规定：资产是一级财政掌管或控制的能以货币计量的经济资源。该定义没有解释政府资产合理、合法的来源，这与我国公共财政体制建设的要求极不相符。其定义的范围也有局限性，并未包括固定资产（尤其是土地），既不利于上级政府对下级政府的监督与管理，也不利于人大监督政府履行受托责任的情况。资产定义的过于简单、资产分类的单一不利于财政部门对政府资产的监督与管理。1998年制定的《行政单位会计制度》规定：资产是行政单位占有或使用的，能以货币计量的经济资源，包括流动资产与固定资产。但该定义也存在不少问题，比如未对行政事业单位资产合理、合法的来源进行解释，资产缺乏明确确认标准。另外，其定义的范围有限，流动资产主要指现金、银行存款、暂存款、库存材料；固定资产主要指房屋、建筑物、专用设备、一般设备、文物和陈列品、图书、其他固定资产等。简单化的资产核算制度不利于行政单位履行职能，也弱化了人大、财政部门、上级主管部门对政府资产的监督与管理。《事业单位会计准则（试行）》规定：资产是事业单位占有或者使用的，能以货币计量的经济资源，包括各种财产、债权和其他权利，分为流动资产、对外投资、固定资产、无形资产。这一定义最接近企业资产的定义，但同样未解释资产合理、合法的来源，以上三种定义都没有解释政府会计资产的实质——提高政府未来收益或服务潜能。

综上所述，我国政府会计“资产”的三种定义产生于1997—1998年的预算会计改革实践时期，借鉴了当时我国企业会计准则中关于资产的定义，目前来看，这些定义都或多或少存在不足。我国的学者们对资产的定义也做过不少有价值的探讨。其中有一种观点认为：“资产是指由过去的交易或事项引起的，由政府控制的可以向政府提供服务潜力或未来经济利益的经济资源。”也有观点反对这个定义中提及的“未来经济利益”，认为“未来经济利益”对企业是正确的，但对政府单位却未必正确。因为“政府单位经济资源的支用并不能给它带来未来的经济利益”。笔者认为，虽然政府属于广义非营利组织，但它所提供的公共物品是有价值的，同样适用市场等价交换与效率原则。所以，笔者比较赞同前一种观点中对于资产概念的界定。

另外，对于资产的分类问题，PSC和《财政透明度手册》都将资产划分为金融资产和非金融资产，所以，我国政府资产的分类也应该积极向金融资产和非金融资产划分方向转变，尽可能确认现有的金融资产和非金融资产。目前，绝大部分国家在政府财务报告中仅要求确认金融资产，以反映政府清偿负债或承诺能力，以及为未来活动提供资金的能力。但金融资产仅仅是政府受托管理国家资源中的极小部分，大量的政府资产以非金融资产的形式存在，如不动产、厂场、基础设施、文化遗产、军用资产、自然资源等。因此，政府资产的确认主要应关注非金融资产的适当确认与披露问题。非金融资产源于各届政府项目的产出积累（如桥梁、公路等），以及祖先遗留（如历史遗迹）或战争中获取，对其合理披露是评价政府资源管理绩效和产出效率的前提。因此，有必要在不影响国家安全的前提下，结合权责发生制引入程度的因素，尽可能地在财务报告中确认并披露更广泛的政府资产，以反映政府控制资源的整体情况。

当然，要做到反映政府控制资源的整体情况并非易事。在上面提及的非金融资产中有些资产类型特殊，它们在会计核算中会产生很多新的问题和挑战。如国家资产中的文化文物资产以及自然资产等的使用价值从理论上说应该是无限期的，而且随着时间的推移，其价值可能不降反升。而对于国家无形资产而言，其价值更是无法准确衡量。由于政府可以随时创造无形资产，政府无形资产价值变动无疑将是一个难题。

2）负债要素的改进建议

由于政府组织承担了更多的社会责任和义务，这导致其负债范围要比企业大得多，除了有显性负债，还有隐性负债。而目前对于政府负债确认的关键问题就在于是否确认与披露隐性负债。目前多数国家仅确认显性负债，如购买商品和服务产生的应付账款、应付工资等。而社会福利引致的巨额未来支出承诺、政治承诺事项、环境负债等导致的隐性负债，因其产生时尚未发生法定义务，往往未在政府财务报告中披露。然而，它们恰恰是政府履行社会公共管理职能的重要体现。在政府财务报告中恰当披露这些信息，对于政府财务报告能否足够透明、能否足以评价政府绩效，进而解除其公共受托责任，均至关重要。隐性负债的处理可以借鉴国际会计师联合会公共部门委员会《社会政策会计》征求评论稿中的相关规定，考虑披露成本和绩效评价的需求，采用适当方式在表内或表外确认或披露政府推定义务。

3）净资产要素的改进要点

政府净资产是不应被忽视的重要会计要素，它反映了政府履行其公共责任的持续能力。当政府净资产为负时，表明政府现有资源无法履行当前和未来的义务与责任，需要通过征税等方式补充额外的经济资源。然而，净资产能否真实反映政府履行责任的持续能力，取决于政府资产与负债确认的合理性与对称性。美国联邦政府财务报告纳入负债项目的范围比资产项目的范围要大得多，这造成联邦财务报告披露的负的巨额净资产。但这并不能说明美国政府履行职责的持续能力受到了影响，负的巨额净资产源于负债与资产项目的非对称确认。因此，只有在政府资产和负债中合理运用对称原则，净资产项目才能提供正确的绩效信息，反映政府履行责任的持续能力。

4）收入要素的改进方向

我国预算会计体系实施之初对于政府收入的确认范围与支出相对较窄，但2007年开始进行的政府收支分类改革建立了与当时预算管理要求相适应的较为完善的支出经济分类科目，在很大程度上解决了这一问题。根据收支分类改革的要求，收入不仅包含预算内的还包括预算外的和社会保险基金收入等，基本实现了对政府收入构成的全面反映，有助于政府绩效管理中对于政府总体资金规模的了解。在政府收入新的分类中包括税收收入、非税收入、社会保险基金收入等6项。其中，对于非税收入这一项，从概念上看其涵盖内容较为模糊。“非税收入”看起来似乎就是“税收收入”之外的其他收入，这显然与分类初衷相违背。因而，需要对这部分收入进行更加明确的分类，取消“非税收入”这个名称会更便于理解和应用。随着我国政府会计领域改革的不断深入，对于政府收支分类改革也一直持续不断地进行着。尤其是2015年我国新《预算法》的颁布，要求各级政府和各部门（单位）在按功能分类编制预算的基础上，同时还要按支出经济分类编制预算。一直到2018年，我国根据新《预算法》以及预算管理的需要多次修订发布新的政府收支分类科目，体现出我国对于规范政府收入的来源与使用的重视程度。

另外，政府收入是政府履行职责资源耗费的补充，它表示能实际为政府带来的可支配经济资源。政府收入的可支配特性决定了政府只有在其有权动用该项资源时才能确认为收入，而不是取得收款权利就应确认收入。因此，对于政府收入的核算而言，为满足预算管理的需要就不能完全采用权责发生制基础进行确认，而应考虑通过设置预算会计和财务会计双重核算系统，分别采用收付实现制和权责发生制核算基础进行会计记录，这样才能更好地满足政府预算管理和财务管理的双重需要。至于具体的实施效果，还需要进一步观察分析自2019年起执行“双基础”的政府会计核算系统的实际运行情况。

5）支出要素的改进措施

政府财政收支的来源可以分为两类，即交换性交易和非交换性交易。政府的大部分收入都属于非交换性交易收入，是依靠国家权力无偿取得的，如税收。而这些非交换性交易取得的收入与支出之间并没有完全的对称关系。也就是说，政府并非为了取得收入才提供服务，这决定了政府支出与收入无法配比，其确认范围存在非对称性。政府支出应与政府履行职责的情况配比，它是政府履行职责总的资源消耗，其合理地确认与计量是正确评价政府履责成本、政府行为效率和效果的前提。为了全面反映政府资源的总耗费，应按照权责发生制的要求，将政府所有的付现成本和非付现成本（如应计的折旧费等）都予以确认。这就要求未来我国需要建设政府成本会计核算体系，方能对此进行全面的确认和反映。

第 6 章

基于绩效管理的政府会计核算体系的构建

为了实现我国政府会计反映公共受托责任履行情况这一基本目标，满足政府绩效管理的需要，有必要在此目标的指引下，以绩效管理为导向构建我国的政府会计核算体系，进而为政府会计信息使用者提供充分的反映政府受托管理公共事务和公共资源情况的信息，提升政府运营和管理的经济性、效率和效果。

对于新的政府会计核算体系的构建，可以结合不同时期的不同政府会计目标来进行设计。从政府会计目标的实现次序来看，反映合规受托责任的目标已基本实现，而这一任务的完成主要有赖于现行的预算会计体系；反映财务受托责任的目标目前还未充分实现，这取决于即将实行的新政府会计制度中政府财务会计的实行效果；反映绩效受托责任的目标，这是我国政府会计改革的方向，为实现这一目标，需要建立政府成本会计。由此就形成了根据政府会计职能划分的由预算会计、政府财务会计和政府成本会计构成的三足鼎立式的新的政府会计核算体系。

6.1 政府预算会计

所谓政府预算会计，就是指各级政府及各预算单位核算和监督政府各项财政性资金收支活动情况及结果的专业会计。从我国现实环境来看，政府内外部利益相关者均对政府财务信息表现出诉求与期待。在不同环境下，不同利益相关者的行为和诉求是不同的，而不同的行为和诉求以及他们之间的博弈会影响政府会计改革的取向、路径和进程。根据张琦等在2009年的调查统计结果，政府内部与外部的利益相关者都具有监督政府和了解政府的较强意愿，但内部利益相关者的均值要大于外部利益相关者。既然内部利益相关者是非常重要的政府会计信息的使用者，那么，他们对政府会计信息的要求自然需要在政府会计体系的设计中得到满足。这部分信息需求者主要代表是政府的管理层和各级人大代表，他们需要了解的主要政府会计信息集中在政府财政收支信息及预算执行情况等。现行的预算会计在反映政府财政收支信息及预算执行情况等方面发挥了积极的作用，那么，构建新的政府会计体系对这一传统优势项目就应予以保留。

6.1.1 政府预算会计的核算基础

我国传统的预算会计体系是以收付实现制为主要会计核算基础的。这对于客观反映已经取得的预算收入和已经发生的预算支出而言无疑是有利的。它可以使预算资金的安排和使用更加具有可操作性，方便国家财政资金的管理。因而，作者认为，在构建新的政府会计体系过程中，对于预算会计部分的核算仍然可以保留原有的会计核算基础，即主要采用收付实现制。当然，为了配合政府业绩的评价与考核，也可以将权责发生制会计核算基础作为必要的补充。如在一些个别事项上可以采用权责发生制。这些个别事项主要是指，预算已经做出安排，但由于政策性因素、用款进度等各种原因当年未实现的支出等内容。

6.1.2 政府预算会计的核算内容

我国一直以来执行的预算会计核算体系实施效果较好，尤其是在近年来实行包括部门预算、国库集中收付制度和政府采购制度等一系列政府财政预算管理制度改革后，政府在财政收支等方面的信息提供得更加全面、翔实了。这主要表现为：第一，政府收支分类改革使政府收入包含的内容更完整、细致，不仅包括预算内收入，也包括预算外收入、社会保险基金收入等；而政府支出分类更加科学，不仅按支出的功能进行分类，而且按支出的具体用途进行分类，这样就能清晰地反映出政府的各项职能活动。第二，国库集中收付制度改革使政府财政资金的使用效率大大提高了，对财政资金的监督和管理也大大强化了。第三，政府采购制度改革优化了公共资源的配置，加强了预算支出的管理。但同时，我国现行的预算会计体系实际上并不单纯地仅反映政府预算控制和执行的结果，它只是偏重于财政预算管理，实际上是同时融合了一些有关政府财务管理内容的一个混合式的会计体系，即不仅体现预算收支及结余情况，还在使用中兼顾政府资产管理的需要，于是在这套会计体系中就出现了资产、负债等项目。

基于绩效管理目的构建我国的政府会计体系，尽管更加突出政府绩效的衡量和评价，但对于政府会计中合规性信息（主要指预算的执行情况和结果）的反映仍然是其基础，这就需要在新的政府会计体系中继续保留预算会计的核算内容。而在新的体系中，预算会计所要完成的会计职能仅限于预算收支及结余内容的反映，因而可以剔除现行预算会计体系中有关资产管理的相关内容，这样核算上更趋于简化、明了。

根据上述分析，预算会计的核算内容就比较明确了，主要可以分为预算收入、预算支出和预算结余三部分。其中，预算结余部分的核算较为简单，只需要在年终结账时将预算收入和预算支出分别结转入结余，余额即为当年的预算收支差额。因此，下文将重点阐述预算收入与预算支出的核算内容。

1）政府预算收入的核算内容

财政部数据显示：仅2016年1月至8月间，全国一般公共预算收入就达到110 178亿元，同比增长6%。如何对数额这样庞大的财政收入进行科学管理，细化的会计核算显得尤为重要。具体来说，预算收入的核算内容，可以根据财政部《2018年政府收支分类科目》文件加以明确。政府收支分类改革根据我国政府收入的构成情况，结合国际通行做法，对我国的政府收入进行了统一分类。具体来说，将收入分为类、款、项、目四个级次。其中类级科目包括以下5个，并分别下设多个款级科目。

（1）税收收入

税收收入是政府最主要的收入来源。为了更加准确地反映税收的来源，在“税收收入”这个类级科目下，分别设置了21个款级科目，主要包括：增值税、消费税、企业所得税、个人所得税、资源税、房产税、印花税、城市维护建设税、土地增值税、关税和契税等。税收收入全部纳入一般公共预算管理。

（2）非税收入

在这一类科目中设置了10个款级科目，主要包括：专项收入、行政事业性收费收入、国有资本经营收入、捐赠收入、罚没收入等。非税收入需要分别纳入一般公共预算管理、政府性基金预算管理和国有资本经营预算管理。

（3）债务收入

债务收入反映来自中央政府和地方政府两个方面的债务收入，并据此分设两个款级科目。其中，中央政府债务收入和部分地方政府债务收入纳入一般公共预算管理，部分地方政府债务收入则纳入政府性基金预算管理。

（4）转移性收入

转移性收入主要指国家、单位、社会团体对居民家庭的各种转移支付和居民家庭间的收入转移。转移性收入下设8款，主要包括：返还性收入、一般性转移支付收入、专项转移支付收入、上解收入和调入资金等。转移性收入需要分别纳入一般公共预算管理、政府性基金预算管理、国有资本经营预算管理和社会保险基金预算管理。

（5）社会保险基金收入

社会保险基金收入包括了来自多种社会保险类型的收入项目。其具体包括的项目可以从这一类级科目下设的款级科目名称得到清晰了解。具体下设的款级科目主要包括：企业职工基本养老保险基金收入、失业保险基金收入、职工基本医疗保险基金收入、工伤保险基金收入、生育保险基金收入和其他社会保险基金收入。

2）政府预算支出的核算内容

对于预算支出的核算内容，政府收支分类改革对此又按照支出的功能和经济用途两个分类标准进行了细分。

预算支出按照功能分类主要可以反映政府活动所体现的不同政府职能和政策目标。按照国际通行做法，支出功能分类具体分为类、款、项三个级次。其中的类级科目有26项，主要包括：一般公共服务、外交、国防、公共安全、教育、科学技术、文化体育与传媒、社会保障和就业、节能环保、城乡社区事务、农林水事务、交通运输、工商业、服务业、国土海洋气象和转移性支出等。这26个类级科目下又具体分为多个款级科目。由此，支出的功能分类就可以清楚地展示出政府用于某一职能活动的支出情况。比如，政府用在教育方面的支出，可以通过这个类级科目下的诸如普通教育、成人教育、广播电视教育等款级科目进一步明确具体的支出领域。

预算支出按照经济用途分类主要可以反映政府支出的经济性质和具体用途。支出的经济用途分类有类、款两级。类级科目有14项，主要包括：工资福利支出、机关商品和服务支出、对个人和家庭的补助、对事业单位经常性补助、对事业单位资本性补助、对企业补助、对企业资本性支出、转移性支出、债务利息及费用支出、债务还本支出和其他支出等。在这些类级科目下面同样也设置了不同的款级科目。支出的经济用途分类让政府支出的具体用途一目了然，比如，政府用在对个人和家庭的补助支出，根据这个类级科目下面的诸如离休费、医疗费、助学金、住房公积金等款级科目可以清晰地体现出来。

6.2 政府财务会计

我国传统的政府预算会计体系备受批评的原因就是不能全面反映政府的资金运动，不能提供政府所有资产和负债等政府整体财务状况的相关信息。由此就需要借鉴企业会计核算的方式和方法来构建政府财务会计。

6.2.1 政府财务会计的核算基础

引入政府财务会计的初衷就是希望能够全面反映政府的财务状况，方便政府绩效管理的开展。因而，为实现这一目的，就要求在政府会计核算基础上做出重大改革。一般来说，会计基础由收付实现制、修正的收付实现制、修正的权责发生制和权责发生制四种类型构成。这四种类型的会计基础实际上属于一个以收付实现制和权责发生制为两个端点的会计基础区间。随着会计基础由收付实现制到权责发生制的转变，逐渐形成对收付实现制的修正和对权责发生制的修正，进而能够被纳入政府财务会计核算范围的经济交易和事项越来越广，输出信息的内容也越来越丰富。由此可知，适应政府财务会计的会计核算基础应为权责发生制或修正的权责发生制。我国政府会计基础的改进从2012年发布《事业单位会计准则》开始，陆续发布了新版的《事业单位会计制度》、《行政单位会计制度》和《财政总预算会计制度》，会计基础也从最初完全的收付实现制慢慢过渡到修正的权责发生制，而即将全面执行的新《政府会计制度》则体现了收付实现制和权责发生制并行的局面，其中的政府财务会计实行完全的权责发生制。在这一渐进式的改革过程中，体现了我国政府会计领域改革的严谨性。当然，在未来我国"双轨制"的政府会计制度执行过程中，还要时刻注意权责发生制与收付实现制的相互配合。尤其需要强调的是，对于政府财务会计中收支的核算，由于核算基础由收付实现制向权责发生制转变，政府收支的确认时点自然会随之变化。前面论及的预算会计对于收支要在实际收到或付出款项时进行确认，而作为财务会计中的收支则应以业务的实质发生与否作为判断标准进行确认。

6.2.2 政府财务会计的核算内容

如何确定政府财务会计的核算内容，首先应从财务会计的概念出发来探讨。葛家澍教授认为，在当前形势下财务会计可被定义为：立足于主体（企业），面向市场，对企业已发生的交易与事项运用确认、计量、记录等程序，主要通过货币表现形式，以公认会计原则为依据，在财务报表内表述财务信息，并通过报表附注加以解释和补充。同时通过其他财务报告或其他手段，充分披露同财务会计有关的而不能够在表内或附注表述的、一切有助于使用者进行经济决策所需要（并有用）的财务、非财务、数量化或叙述性的信息。美国财务会计准则委员会（FASB）的前身——会计原则委员会（APB）在其第4号公告中对财务会计做过一个简单的定义：企业财务会计是会计的一个分支，它存在于下述的局限性之内，即以货币定量化的方式提供有关企业经济资源及义务的持续性历史，也提供改变那些资源及义务的经济活动的历史。我国学者路军伟在总结前人研究成果的基础上提出了政府财务会计的概念：政府财务会计是指，以货币计量为单位，对政府组织的经济交易和事项，通过确认、计量、记录和报告等基本会计程序进行历史性描述的人造信息系统。简单来说，作者认为：政府财务会计是指，以货币计量为单位，对政府过去发生的各项经济交易和事项，进行确认、计量、记录和报告的专业活动。

政府财务会计作为一个信息处理系统，它负责核算对象的范围宽窄直接决定了其最终的成果即财务报告的信息量的多寡。为了适应政府资产、负债的全面反映，作者认为，政府财务会计的构建应借鉴企业会计的有关核算方式，采用经济资源流动观念，对主体用于提供货物或服务的所有资源和承担的所有负债都予以确认。当然，如前文所述，政府资产和负债包括的很多内容都存在难以计量和记录的问题，全面反映政府的资产和负债还需要循序渐进、逐步扩大范围的做法。对于政府资产的分类可以借鉴国际经验分为金融资产和非金融资产，对于非金融资产领域的自然资源和无形资产等资产类型，由于其计量上的特殊性，可以将其先作为非重点的会计核算内容，而重点核算一般固定资产等内容。至于负债的核算，尽管政府财务会计的核算目标是要全面反映负债的发生和偿还等内容，但同样基于操作性的考虑，可以将核算重点暂时放在显性债务上，而后再尝试反映隐性债务。

政府财务会计中的收入和费用要素的核算范围，从收入要素来看，2018年开始实行的最新的政府收支分类改革对收入的构成已经做了较为全面的概括，因此，对于政府财务会计中收入要素的核算范围基本可以与预算会计中收入的核算范围保持一致；而从费用要素来看，除了要与预算会计一致按功能分类和经济分类双重分类标准反映支出外，还要注意根据政府财务会计核算基础的要求，对固定资产折旧费用、无形资产摊销费用等非付现成本也应全部纳入财务会计费用的核算范围。

6.3　政府成本会计

前已述及，我国政府会计目标界定为反映公共受托责任履行情况。为达成这一目标，只通过预算会计和财务会计反映国家财政收支及全面资产、负债信息还不足以对政府绩效进行合理评价和披露。因此，如何提供定量绩效评价信息，成为目前公共管理领域的理论研究者面临的现实难题。政府成本是政府绩效评价的一个重要的基础性指标，牢固树立成本意识对服务型政府的构建至关重要。我国新的政府会计体系的构建正着手解决这一问题，建立政府成本会计，进而提供货币化的政府运营成本和服务成本信息，最大限度地满足政府绩效评价的信息需求。政府成本会计将以政府成本管理和成本控制为目标，采取专门的成本核算方法来反映政府服务成本和项目成本并编制独立的成本会计报告。

6.3.1 建立政府成本会计的意义

1）政府成本会计为政府绩效评价提供基础数据

政府绩效是政府在行使其职能、体现其意志过程中反映出的管理能力。政府绩效评价就是根据管理的效率和效能以及服务质量、群众满意度等，对政府部门在管理过程中的投入、产出（包括中期成果和最终成果）进行考核评估。根据评估结果，可以及时对政府职能、有关责任、工作目标进行调整，使职能更加明确、责任更加清晰、目标更加合理，最终提高政府绩效。而政府绩效管理的有效实施需要在资金分配和绩效结果之间建立直接的联系，但是在成本信息不足的情况下，很难根据各预算单位为实现既定目标而负责管理的那些支出项目的合理成本来分配财政资金。也就是说，财政资金配置效率难以真正实现。政府在行使其职能时会耗费经济资源，由于政府官员的不完全理性和存在获取私利的动机，在资源的投入方面往往存在无效或低效情况。由此，缺乏成本管理的绩效预算制度会产生两个方面的问题：一个问题是尽管许多预算开支项目是在成本-收益分析的基础上确定的，但是这些项目的预算开支规模通常并不受过去或预期的预算执行状况的影响；另一个问题是管理特定开支项目的政府部门仅对项目实施的最终成效负责，而不深入分析项目实施过程中是否采取了合适的成本管理方法以保证财政资源的最佳使用。

针对这些问题，有必要将政府绩效管理和成本管理相结合，通过建立政府成本会计，就可以对项目成本（投入）和产出进行合理确认和准确计量，从而真正实现公共财务资源的有效使用。由此可见，政府绩效评价实质上就是运用价值理论对政府工作的效益、效率、效果进行分析和评估，而政府成本核算是政府绩效评价一个不可或缺的重要环节。在政府绩效管理过程中，可以通过政府信息系统实时传递和交流信息，将政府（部门）或活动项目的绩效信息和相关成本信息直接进行对比，进行实时成本管理控制。这样，通过构建政府成本会计来实现政府成本管理和绩效管理的一体化，使绩效预算的实施落到实处。

2）政府成本会计为政府降低运营成本提供新思路

目前我国财政资金依然偏紧，而政府按公共财政的管理方式管理公共财务会出现不计成本、不讲效益、不顾风险的现象，从而造成公共资源严重浪费，加大财政风险。而政府成本会计的建立将大大有利于解决这一问题。美国联邦政府飞行管理部（FAA）自从运用成本会计系统以来节省了大量成本，比如，通过2003年外包飞行服务站10年间节省了约2.2亿美元的成本，撤销航空气象方案节省了2 700万美元，修改航空雷达监控方案节省了约700万美元的成本。国外很多应用政府成本会计的成功经验告诉我们，实施政府成本会计可以为政府开源节流，提高资金使用效率和经济性。

3）政府成本会计为信息使用者提供多元化成本信息

政府成本信息受到政府部门自身和社会公众的关注，但政府部门通常是政府成本信息的主要使用者，其在使用受托资源实现项目目标方面负有责任，可靠和及时的成本信息将有助于确保资源的合理使用，从而避免浪费和使用的低效。而包括新闻媒体和利益集团在内的社会公众，则关心影响其利益的政府项目的成本和产出方面的信息，其会根据项目成本信息判断资源是否被合理地分配给项目，以及项目的运营是否既有效果又有效率。

6.3.2　政府成本会计的核算范围

政府成本会计的核算内容将主要包括两个方面：一是具体项目的成本，二是政府部门（单位）的运营和服务成本。其中，项目的成本涉及的成本内容主要包括相关成本、不相关成本、边际成本和沉没成本。政府部门（单位）的运营和服务成本涉及的成本内容主要包括直接成本、间接成本、总成本和单位成本等。对这些成本内容准确的界定和明确区分是有效进行政府成本核算的重要前提。

相关成本是指与政府特定活动的产出相关的成本费用，从绩效预算视角看，就是对于提高绩效和加强管理来说是必要且合理的支出。进一步讲，特定政府项目（活动）的总成本就是由直接相关成本和间接相关成本所构成；反之，与政府特定项目（活动）的产出或业绩不相关的支出或支出超越了合理成本界限则为不相关成本。

直接成本是指可以被确认与特定成本对象相关的成本。在政府成本会计中，成本对象是为积累成本而建立的组织、职能、业务、项目、成本中心或成本库。最终的成本对象是一项拨款、项目或政府部门的公务活动。成本可能和既定职能直接相关，而与拨款或其他成本客体则没有直接关系。典型的直接成本包括政府部门公务人员的工资及福利费、原材料成本以及其他由项目实施直接产生的费用。在不完全的权责发生制下，政府部门或某一项目购买设备和其他资本性支出也被视为直接成本。一般认为，间接成本的收益人超过一个并由此导致成本和实现的收益不成比例，不便于在收益的成本客体之间分配。间接成本的概念既适用于拨款接收单位，也适用于向拨款接收单位供应原料的部门。为了便于间接成本在成本客体之间公平分配，需要在拨款接收单位中建立间接成本库，间接成本库在公平计算相对收益的基础上分配给受益的成本客体。

单位成本是指在某种平均状况的假定下，社会实现特征值个体目标所必需耗费的支出。某些指标进一步提高或降低一个百分点时需要增加的支出则为边际成本；沉没成本是指政府（部门）业已发生的无法回收的各种开支或者是财政资金的配置一旦完成，无法由现在或将来的任何决策所能改变的成本。

对于成本过高的项目，也可以考虑市场化的方式由营利性组织承办，而不一定由政府负责到底。在进行绩效预算时，为了便于对各支出项目的成本进行比较，也需要政府各单位特别关注有关项目实施的成本变动情况。

6.3.3　政府成本会计的核算方法

成本核算是政府成本会计的主要难点之一。如前文所述，绩效预算意味着要知道一种给定水平的结果需要多大的成本。但是政府组织通常无法追踪提供某一产出所需要的成本，这主要是因为间接成本的分配问题（Philip Joyce，2006）。由此，探索营利性组织的某些成本核算方法对于政府组织的实用性就显得十分必要。

1）政府成本核算方法比较

从成本核算方法的使用效果来说，企业的成本核算可谓是成熟而有效的。常丽（2013）认为，仅从构建路径看，政府成本会计是将企业成本会计理念和方法导入政府会计的过程。企业核算产品成本，政府部门核算政府服务成本，两者间拥有类似的成本核算需求。因此，政府部门成本核算大可以借鉴企业成本核算方法的合理内核，结合政府部门业务特点变通应用其中的经典成本核算方法。企业产品成本的核算方法主要包括品种法、分批法、分步法、定额成本法、标准成本法等。除此之外，还有20世纪80年代末出现的作业成本法。这些方法各具特点和适用性，尤其是作业成本法的提出更是锦上添花，其应用前景广阔。这些核算方法大部分可以为政府部门成本核算提供参考。

企业成本核算的基本方法中，品种法适用于大量大批单步骤生产的企业，但在政府部门中则少有涉及业务单一、处理程序简单的情况，因此，品种法并不适合在政府部门中应用。企业成本会计的分批法通常以批别或订单为计算对象，在政府部门中就比较适合对分批投入某一领域或特定项目的政府拨款进行成本核算。分步法在企业中则以产品的生产步骤为核算对象，适用于连续式复杂生产企业。按此特点，在政府部门中就比较适合对政府部门在某一时期的连续性投入进行成本核算。定额成本法通过制定和核算定额成本，进而可以分析实际成本脱离成本定额的差异，由此实现对成本的控制。这就意味着定额成本法除了有成本核算的功能，还兼具成本控制的作用。在政府部门中，可以结合政府对工作人员定员定额的管理思路在成本核算中，建立人力成本中各分项定额，以便部门管理者及时发现实际成本与定额成本的差异，查找原因，进而实现有效的成本控制。而标准成本法更是将企业的科学管理法应用于成本核算，实现对成本的事前、事中和事后的全程控制。政府部门在公务成本的核算中，就可以本着控制行政经费开支的原则，引入标准成本法，对于各项公务开支设定标准成本，既让行政人员有成本控制目标，同时也可以做到实时了解差异的产生，并定期分析原因，以利于指导进一步的成本控制工作。

作业成本法作为传统成本核算方法的创新，它以组织为某一特定目的而进行的消耗资源的活动或事项作为“作业”，通过分析成本发生的动因，对构成产品成本的各种主要间接费用采用不同的间接费用率进行成本分配。作业成本法克服了传统方法对间接费用采用单一分配基础的不足，尤其适合政府部门业务多样，分配标准各异的实际需要。具体来说，作业成本法可以将政府部门不同业务设计成多个作业中心，通过成本动因分析，将具有相同或类似成本动因的作业归集到同一个成本库中，进而根据这一成本动因，计算出应分配到各作业中的费用。例如，政府部门履行政府职能的业务开展与行政管理活动中均会发生的会议费，就分属不同作业中心，却拥有相同的成本动因，于是就可以按照参会人员的数量这一成本动因进行会议成本的分配，进而分别确定不同作业的成本。由此可见，作业成本法的灵活适用性，也正因如此，作业成本法在政府成本核算中的应用前景被越来越多的学者所关注。

杨世忠等（2012）总结指出，作业成本法的优点不仅在于可以精确地计算成本，而且在于它对成本形成的动因的计算和控制，其应用可简可繁，是一种更加科学的成本控制方法。运用作业成本法计量资源成本时，因果关系分析取代了逐级向下的分配方式，对各种主要的间接费用可能采用不同的分配标准进行成本分配。在采用绩效预算管理、衡量服务投入与产出的绩效管理方法时，需要定期获得产出消耗的全部资源成本的信息。由于作业成本法能够克服传统成本计算法存在的问题，对于正确分析政府作业成本、核算政府业务活动成本具有重要意义。作业成本法既是政府成本核算的一种先进方法，同时也兼有政府绩效评价系统的职能。因为政府的项目绩效评价和部门整体绩效评价交织在一起，需要将政府财务管理会计中的责任会计系统与政府成本会计系统和政府财务会计系统很好地结合起来，才能将两种绩效评价协调一致。作业成本法的实质就是计算责任成本，也是在核算具体服务项目的成本，达到了成本核算和成本控制的双重目的。

2）政府具体业务层面的成本核算方法选择

政府部门在整体层面，可以将成本划分为履职成本和行政管理成本两个基本大类。其中，履职成本主要是指政府部门在一定时期内为履行法律规定的职能所发生的具有明确支出目的的经济资源的总和；行政管理成本则主要指政府部门在一定时间内为保障部门履行法定职能所耗费的可以用货币计量的在当期以及未来一段时间发生的经济资源的总和。

（1）政府履职成本的核算方法

产生政府部门履职成本的活动大多涉及政府大量大批的资金投入，周期相对较长，政府部门往往以项目为单位进行管理。具体而言，业务层面中的任务执行成本主要体现为政府为实现某一服务职能通过政府部门投入大量资金于某一具体领域，业务类型较为单一，适合采用分批法按项目批次进行成本核算，成本核算期不固定。而业务层面中的业务开展成本往往体现为政府部门自主设立业务项目，在预算额度内开展特色履职活动。例如，水利部门开展水土流失综合防治项目，从综合治理方案的可行性研究，到具体小流域综合治理实践，其中包含诸多治理措施和环节，项目周期较长，投入资金较大。由此，对于这类规模大、环节多的业务项目，结合政府部门实时管理的需求，其成本可以考虑采用分步法，按照不同阶段进行成本核算，或者选择作业成本法，更为细致地将项目中各个具体环节设为不同的作业中心，分别进行作业成本核算并进而汇总形成业务项目的总成本。

（2）行政管理成本的核算方法

行政管理成本主要体现为维持政府部门正常运转所需的资源耗费。首先，从人力成本来看，其中包含的人员工资、补贴、奖金等通常都有一定的发放额度要求。对此，就可以将每一具体项目成本按前文分析的那样采取定额成本法进行成本核算和控制，以利于发现人力成本中的异常变动差异，客观分析原因，合理采取对策。其次，从公务成本来看，政府部门日常办公经费和管理费用中所包含的办公费、水电费、差旅费、会议费等项目非常多，但这些却是政府部门进行成本控制的重点所在。为此，在成本核算中可以主要考虑采用标准成本法，对每一个单项内容设定成本标准，并以此作为日常工作目标，及时发现日常公务成本脱离标准的情况，进而采取相应的控制措施。最后，从基本建设成本来看，其中包含的为保证政府部门基本的办公条件所发生的基础设施、办公设备和交通工具等方面的开支一般数额较大，周期较长，其核算方法可以比照业务开展成本采取分步法或作业成本法等。

国际会计师联合会的公共部门委员会PSC（后改组为国际公共部门会计准则委员会，IPSASB）于2000年发布了第12号研究公报——《政府成本会计透视》，旨在帮助政府官员和会计师规划和实施成本会计。为了控制政府成本、增强政府绩效评价方法的可操作性，我国应建立政府成本会计系统，推行政府成本会计，以提高我国政府的管理水平和公共资金使用效率。

第 7 章

基于绩效管理的政府财务报告体系的构建

行为受托责任的履行通常先于报告受托责任，没有良好的行为受托责任，报告受托责任也只能流于形式。而良好的会计系统既是促进受托人忠实履行行为受托责任的手段，也是客观反映受托人行为受托责任履行情况的基础。所以，从理论逻辑上来说，政府会计系统的建设是对外报告的基础，没有良好的政府会计系统，政府的对外财务报告就只能是“空中楼阁”。正如陈立齐所认为的，无论对外财务报告有多么清晰、具体，它也只是反映受托责任履行情况的一种符号，离开了财务诚信和良好的管理就不可能有正确的数据，财务报告也就不可能可靠。

尽管我国目前还缺乏政府整体层面的财务报告，但在每年的“两会”中，政府现有的预算报告与决算报告仍是社会公众与媒体重点关注的对象。近年来，根据“两会”代表和委员的建议和意见，财政部逐步细化了预算编制，加强了预算报告和决算报告的全面性和透明度。但究竟该如何完善政府会计信息披露系统，需要结合政府会计体系的完整构建来进行改革。很显然，为了满足政府预算管理的需要，我国的政府财务报告无论从披露内容上还是披露形式上，都需要做出重大调整。

7.1 政府财务报告系统目前存在的问题

从政府会计学术研究的角度考虑，国外的政府财务报告和我国传统的预算报告乃至即将付诸披露的政府财务报告还存在较大区别。我国传统的预算报告系统实际上只是从预算资金的使用、功能与用途等方面进行披露，但对于财政预算的结余和赤字形成的真正原因却没有清晰阐明。即将实行的政府财务报告虽然能够较为全面地反映整个政府的财务状况，但即便如此，对于政府运营绩效的反映依然难以实现。具体分析政府财务报告系统目前存在的问题可以从以下几个方面着手。

7.1.1 制度因素影响政府财务状况的全面反映

预决算报告是政府向监督者反映政府预算及其执行情况的综合报告，应能够提供有关预算收支的全面信息。但目前我国的相关法律要求政府提供的信息尚不够全面、不够及时，使得人大代表对这些内容的监督缺乏法律的依据。此外，某些制度性约束使政府会计信息产生被人为割裂的问题，从而严重影响了会计信息的有用性。这主要体现为：目前提供政府经济信息的职能由多个部门分工完成，因而难以汇总反映政府综合的经济状况，同时也增加了信息提供的成本。比如，由于政府资产在管理上的部门分割，使得国有企业产权及其变动、重大项目投资不在财政部门的核算范围之内，造成了信息过于分散，财政部门生成的政府会计信息存在天生的缺陷。由此看来，政府会计改革必须得到法律层面的配合，从法律制度上整合有关会计信息提供部门的职能分工，将政府所有的收支和财务资源信息归集于财政部门，这样才能从根本上有助于政府财务状况的全面反映。

7.1.2 政府预决算报告反映内容不够细化

目前我国政府的预决算报告的缺陷主要体现在内容分类太笼统，往往导致审查政府预算时出现“内行说不清，外行看不懂”的状态。尽管近几年政府推行部门预算改革后这种状况得到了一定的改善，但是各部门上报给人大审议的具体预算内容还是太笼统。例如，项目经费仅有项目名称和资金额度，看不到项目预算安排的可行性材料、相应的财务数据及相关的绩效测算。在针对北京市范围内人大代表、政府决策者、政府主管部门和政府单位等进行的一项调查中发现，所有被调查者均认为，决算报告中应增加对财政支出绩效情况的说明、对审计意见的整改措施及落实情况的说明。大部分代表认为应该在预决算报告中分别按政府职能、经济功能和重大专项提供详细报表，并且预算草案的说明应该更加全面。可见，政府预决算报告反映内容不够细化是目前政府财务报告披露中存在的突出问题，需要从不同层面来适应不同的信息需求，构建综合的财务报告体系。

7.1.3　政府财务报告披露信息范围过窄

我国传统的预算报告披露的信息主要集中在反映政府预算的执行情况，即将推行的新的政府会计制度尽管增加了对于政府财务状况的反映，但受限于我国目前的政府内部治理尚不够完善，政府财务报告信息披露范围依然不够理想。

1）资产信息披露存在的问题

有统计数据显示，政府可出让和已出让使用权的土地、政府债权、行政事业单位的非经营性固定资产、国有企业产权和基础设施信息是“两会”代表与委员和政府决策者同时表现出最大关注的前五位资产信息。而目前政府财务报告对此却无法提供这些方面全面、准确的信息。这主要是源于目前政府资产管理方面存在责任不清、管理难度较大的问题。在政府单位中，比较多见的问题是同一资产分属不同部门管理，由于各部门职责权限和管理要求存在差异，资产管理因而较为混乱。另外，政府需要管理的资产类型多样，尤其是涉及无形资产和生物资产等，更是由于其价值评估难度较大且具有一定的主观性，因此，政府资产管理工作面对许多新的挑战。因此，诸如自然资源、物质和非物质文化遗产、无形资产等内容在目前披露的会计信息中很难获取。

2）负债信息披露存在的问题

当前环境下，政府债务信息受到全面关注，政府会计信息使用者希望了解政府债务的所有信息，不仅包括显性债务，而且包括隐性债务。而目前存在的问题是，现行政府财务报告在提供债务信息上存在严重不足。单就显性负债而言，目前政府财务报告所提供的信息也非常有限。据调查统计[①]，依据各类负债占各单位总负债的比重排序，最为普遍的负债是其他应付企业或个人商品或劳务款，拥有此类负债的单位占32%；其次是银行借款，拥有银行借款的单位占25%；再次是统一采购的已订货未付款，拥有此类负债的单位占21%；最后是欠付其他部门或单位的拨款以及其他借款等。在上述各项债务中，除应付企业或个人商品或劳务款能够全部进行核算外，其他各类负债都不同程度地存在未入账核算的问题。其中统一采购的已订货未付款有76%未能入账核算；其他借款尽管较少，但是全部未入账核算；欠付其他部门或单位的拨款有半数未核算；甚至银行借款也存在未核算的现象。至于隐性负债信息，现行会计报告中就更无列报。这主要是因为，政府债务形式多样，监管手段和力度不足。近年来，政府融资平台和渠道呈现愈加复杂、隐蔽的趋势，政府的显性债务可以通过转换为隐性债务的形式避免监管、避开法律的约束。而我国目前尚缺乏较为系统的政府债务管理体系，于是容易出现对债务的统计口径不一、数据不翔实的问题。因此，负债信息的匮乏成为进一步改革和完善现行政府财务报告体系的刺激因素。

3）收支信息披露存在的问题

虽然传统的预算会计体系能够大致满足各会计信息使用者了解全面政府收支信息的需要，但还是存在许多收支信息得不到反映、不能满足信息使用者需求的情况。在对行政事业单位的有关调查中发现，这些单位中的大部分都需要有关包括基建支出和债务支出等在内的全部资金收入和资金支出的会计信息，而现实的情况却是依然有大量收支难以编入预算。其中，突发性和临时性支出的比例最高；其次是院校内部的培训创收；再次是非教育系统的科研收支、债务收支等。

4）绩效信息披露存在的问题

政府绩效方面信息的反映目前在现有的财务报告系统中还无法做到。

---

① 数据援引自赵西卜、王建英等2007年4月至12月就政府会计信息有用性及需求情况，在北京市范围内针对人大代表、政府决策者、政府主管部门和政府单位等进行问卷调查和个别座谈的统计结果。

然而在上述提及的调查中发现，政府单位的各项业务成本和相关绩效受到广泛关注，特别是医院、学校、科研机构等关系民生的公共事业对于成本信息的需求更加迫切。同时，被调查的“两会”代表和委员还表现出对行政单位的政府培训中心和会议中心的收支及财政补贴情况、国内外出差及考察和调研的支出等关系政府廉政的信息的强烈关注。由此可见，成本信息在政府部门和单位具有广泛的作用。而成本信息的作用具体体现在成本信息被广泛应用于各类单位制定或批准收费标准、制定和批准预算、安排经费分配等多种目的。2019年即将全面推行的新政府会计核算体系实现了从预算会计到财务会计的创新飞跃，按照国务院2014年发布的《权责发生制政府综合财务报告制度改革方案》，我国还将在2018年至2020年研究推行政府成本会计。就目前而言，我国的政府成本会计仍处于探索阶段，至今既没有生成过专门的成本信息披露报表，也较少披露成本信息，即使披露部分政府成本信息，信息质量与目标水准也存在较大差距。这主要是源于政府业务复杂多样，成本信息分布零散，成本项目的划分与核算难度较大。构建新的政府会计体系显然应将成本核算作为重要的规范内容，提高成本核算在政府会计信息系统中的地位，满足相关信息使用者获取不同内涵成本信息的要求。

7.1.4　政府财务报告披露时效性面临挑战

政府会计制度新旧更替，新的政府会计制度的推广尚需时日。新的政府会计制度为实现传统的预算会计信息与财务会计信息的有效衔接，采取了“双基础”“双报告”的形式。财务会计采用权责发生制，要求编制的是财务报告；预算会计采用收付实现制，要求编制的是决算报告。尤其是新制度规定对纳入部门预算管理的现金收支要求进行平行记账，这导致信息处理量成倍增加，会计核算的复杂程度加大，财务工作难度骤增。如果考虑到未来我国还需建设政府成本会计，必将产生更加庞大的会计信息，极大地增加会计部门的工作量。因此，在信息技术快速发展的今天，迎接政府会计改革的挑战需要有强大的信息化系统作为技术支撑，通过内部控制协调预算会计与财务会计的关系，提高政府财务工作的效率，确保政府会计信息的高效、及时披露。

7.2 政府财务报告体系的设计原则

正如前文所探讨的，以绩效管理为导向构建我国的政府会计体系要树立明确的目标，重新规划我国政府会计报告体系同样需要确定明确的设计原则。对应我国政府会计预算管理与财务成本管理两个基本目标，我国的政府财务报告系统需要兼顾政府利益原则和外部使用者需求原则。

7.2.1 政府利益原则

我国实行的是社会主义市场经济体制。这种经济体制与西方国家市场经济体制的明显区别就在于“公有制是我国社会主义经济制度的基础，非公有制经济是我国社会主义市场经济的重要组成部分。离开公有制为主体，就不称其为社会主义经济。”因此，要建立和发展社会主义市场经济，就必须坚持和完善以公有制为主体的经济制度。体现在会计模式上，就是要将代表公有制的政府利益放在会计模式导向的首位。政府会计应该为国家提供与社会资源配置、政府职能转换、建立新公共管理框架等重大决策相关的财务信息，同时也为实现国有资产的保值增值和政府微观财务控制提供制度保证。确切地说，“只要中国发展社会主义市场经济的方向没有改变，只要公有制为主体的基础地位没有动摇，中国会计模式的政府利益导向就不会有本质的变化”。[①]根据政府利益原则的要求，在设计我国的政府会计报告体系时就应强调，会计信息应当符合国家宏观经济管理的要求，适应预算管理和有关方面了解事业、行政单位财务状况及收支结果的需要，以利于单位加强内部管理，也就是需要继续提供预算报告的有关内容。

7.2.2 外部使用者需求原则

重构政府财务报告体系的根本目的在于拓展政府财务信息范围，使政府财务信息的生成和披露能够保证质量，进而从根本上解决社会公众及其

① 周晓苏. 中国会计模式论［M］. 大连：东北财经大学出版社，2002：137.

他利益相关者与政府之间的信息不对称问题。这样，外部信息使用者才能够合理评价政府受托责任的履行情况和运营业绩。因此，政府财务报告的改进动因，一方面，要体现政府财务报告建设成果、全面反映政府运营业绩，另一方面，更主要的是对社会公众的评价权力和利益相关者的利益诉求的重视。

政府财务报告如果从财务会计角度出发，主要是对外报告而非对内报告，关注外部信息使用者的信息需求既是政府财务报告改进的起点也是终点。实际上，政府利益不可能也不应该凌驾于公众利益之上，公共财务资源是政府组织赖以正常运行的基础，脱离了经济基础的政府就谈不上变革的问题。财务信息之于公众的作用并非完全停留在“评价”的层面上，经济决策也是其中的一部分，忽视公众利益的政府财务信息即使再完备，也只能退化为信息工具。

我国目前预算报告缺乏明确的外部信息使用者需求导向观念，似乎政府财务报告改进和构建是政府内部的制度变革，缺乏社会公众的普遍参与。这种倾向极可能导致政府利益排斥政府财务资源提供者的利益，模糊国家的管理角色和服务角色，最终容易使政府财务报告改革偏离既定目标，同时也不能达到改善政府公共管理的目的。所以，在政府财务报告改革过程中，必须牢固树立外部信息使用者导向观。而根据前文对外部信息使用者的信息需求分析可知，全面的政府财务状况信息和政府运营成本、运营绩效信息是目前信息需求者急切需要了解的，因此，重构政府财务报告体系必须考虑这方面的因素，进而提供相关的报告信息。

7.3　政府财务报告体系的构成内容

基于绩效管理目的构建我国的政府财务报告体系，作为评价政府绩效基础的财务信息自然必不可少。在这方面，重要国际机构和国外政府的实践经验非常值得我们借鉴。另外，对于满足政府绩效管理需求的重要信息来源的政府成本会计报告也要进行具体设计，并考虑以适当的形式部分地引入政府财务报告体系。这样才能更科学、合理地基于政府绩效管理目的构建我国政府财务报告体系。

7.3.1 国外政府财务报告内容的经验借鉴

1）IPSASB咨询稿对政府财务报告内容的规范

财务报告的范围确立了在通用财务报告中所报告交易、事项和活动的边界。IPSASB咨询稿对财务报告使用者的信息需求的分析以及由这些需求所推导出的财务报告的目标总结出，公共部门财务报告的范围主要包括财务信息与非财务信息两方面。具体内容包括：报告主体在报告日的经济资源及对这些资源的要求权；报告期间改变报告主体经济资源和对这些资源要求权的交易、事项和活动的影响，包括现金的流入和流出及财务业绩；报告主体对相关立法或法规以及用作征税依据的法定预算的遵循情况；报告主体服务提供目标的实现情况；与报告主体未来提供服务活动和目标以及支持这些活动的必要资源有关的预期的财务和其他信息。此外，财务报告范围也包括与以下方面有关的说明性资料：一是影响主体财务业绩、服务提供和其他目标实现的主要因素，以及很可能影响未来业绩的因素；二是通用财务报告信息所依据的假设以及影响这些信息的主要不确定性。

2）美国政府会计准则委员会对政府财务报告内容的规范

美国政府会计准则委员会（GASB）于1999年发布的第34号准则公告《州与地方政府的基本财务报表与管理讨论和分析》所确立的双重财务报告模式在各国政府进行的财务报告改进中最引人注目。该公告要求，政府财务报告由管理讨论与分析、政府层面和基金层面的基本财务报表和规定的补充信息等组成。自20世纪90年代以来，美国联邦政府的财务报告改革也取得了重大进展。FASAB的第2号概念公告《主体与表述》要求，作为联邦报告主体的每个联邦机构、项目和预算账户均应提供本级财务报告，联邦政府还需要编制整个政府的合并财务报告；FASAB还建议整个联邦政府报告采用完全的权责发生制而不是修正的权责发生制，并于2007年发布了第5号概念公告《权责发生制基础财务报表的要素定义与基本确认标准》，这表明联邦政府财务报告的会计基础改革取得了实质性进展。FASAB还不断追求卓越的财务报告模式，发布了第3号概念公告《管理讨论与分析》，以及第6号概念公告《有区别的基础信息、必需的补充信息以及其他辅助信息》。

7.3.2 政府成本会计的报告形式

政府成本会计应以降低服务成本、提高运营效率和效益为基础来建立才是有效的。成本会计报表是根据政府日常成本核算资料及其他有关资料定期或不定期编制，用以反映政府运营成本和服务成本水平、考核和分析政府组织在一定时期内成本计划或绩效目标执行情况及结果的报告文件。我国的政府成本会计报告可采用全面成本报告模式，即政府成本会计报告不仅应包括总成本和净成本，而且应包括不同部门、不同项目的成本以及单位成本和责任成本。由于部门之间的差别，各个部门的成本会计报告的内容可有所不同，如一些部门在特殊情况下可以只选择某一个方面进行反映，一些基于政治目的设立的政府部门可只报告单位成本。

另外，与通常的政府财务报告不同，政府成本报表主要是为政府组织内部管理服务。其重要作用表现为以下几个方面：（1）提供政府组织（部门）在一定时期内的运营成本和服务成本水平以及各项支出情况。（2）根据成本报表可以分析成本计划或绩效预算的执行情况、考核计划或预算完成情况。（3）本期成本报表的成本资料是编制下期成本计划和绩效预算的重要参考资料。

由于对内导向，政府成本报表的种类、格式和编制时间都要根据政府级次和不同政府部门业务活动差异和管理的具体要求而定。一般而言，政府的成本报表可以划分为三个部分，即主要成本报表（包括附注）、其他成本报表和成本分析报告。主要成本报表包括运营成本表、服务成本表、主要业务（服务）单位成本表和项目支出明细表。在报表附注中可以对报表中的重要数字进一步说明或提供成本降低额等有助于使用者理解报表信息的具体信息。除了编制上述报表外，政府还需要根据成本管理的需要编报其他的成本报表，这些报表主要服务于政府内部的成本控制。其他成本报表主要包括责任成本报告（如政府机构的责任成本报告）、人员费用考核表和业务费用考核表等。其他成本报表的编制具有更大的灵活性、针对性和及时性，同时报告主体也会具有多样化的特征。

7.3.3 我国政府财务报告体系构成内容的设想

在借鉴国外政府财务报告内容，并考虑引入政府成本会计信息的基础上，我国政府财务报告体系的构建除了要遵循基本的设计原则，还要考虑编制政府财务报告的主体类型。由此，根据前文确定的我国政府会计的组织主体和基金主体的双重性，我国政府财务报告体系适宜采用双重报告模式，即由一级政府分别从政府组织层面和基金层面进行报告。政府财务报告的报告体系在传统的预算会计报告基础上拓展为财务报告和管理当局阐述与分析两部分。而我国政府财务报告所提供的信息应能包括三方面的内容，即预算执行情况、政府运营绩效以及政府财务状况。

从财务报告的披露方式看，一般意义上的财务报告应由财务报表和其他财务报告组成。其中，财务报表又分为基本财务报表、财务报表附注和财务报表附表。

1）财务报表

基本财务报表从政府层面和基金层面两方面编制。政府层面包括：政府整体合并财务报表和政府单位财务报表；基金层面单独列报主要的基金，较小的基金合并列报。政府层面和基金层面的基本财务报表都应包括以收付实现制为基础的预算执行情况表和以权责发生制为基础的资产负债表、收入费用表、现金流量表。期末通过调整与合并基金报告，以完全的权责发生制基础编制政府整体层面财务报告，并保留非完全权责发生制基础的基金财务报告。在这些报表中，预算执行情况表主要反映预算和实际执行结果的对比情况，以利于进行绩效评价时对于政府的总体投入及执行过程进行了解；资产负债表、收入费用表、现金流量表则主要反映政府运营绩效的总体实现情况。

财务报表附注是对基本财务报表信息的进一步解释、说明和补充。按照政府财务报表的一般设计模式，财务报表的附注主要采取定型化描述的方式。财务报表的附注所披露的内容主要包括：对重要会计政策及其变更情况的说明；对报表中重要项目的说明；对或有事项和资产负债表日后事项的说明等。尤其是从服务政府绩效管理的角度出发，在财务报表的附注中还可以着重对反映政府绩效情况的信息进行说明。比如，可以包括反映政府提供服务的数量或受益范围的信息、政府所作的承诺事项、国家性资产（如公共基础设施、自然资源、遗产资产等）的价值以及价值变动或维护费用信息等。

财务报表附表对于全面了解政府财务信息、绩效信息有着非常重要的辅助作用。财务报表附表主要包括下列内容：第一，与预算执行情况相关的内容，如预算收支明细表；第二，与资产相关的内容，如固定资产情况表；第三，与负债相关的内容，如借款表、承诺事项表；第四，着重反映政府绩效的内容，如政府服务项目成本汇总表和业绩指标表。通过财务报表附表的信息可以帮助报表使用者了解更加翔实、方便使用的信息。

2）其他财务报告

其他财务报告主要指与政府财务状况相关的以文字分析说明为主的各种报告。其他财务报告主要包括类似于美国州和地方政府财务报告中的管理层讨论与分析的综合分析内容，主要用于介绍财务报表，提供简要和易于分析的政府年度财务状况信息。另外，可以根据需要介绍政府的职责范围、组织结构图等关于报告主体一般情况的说明等信息。此外，为满足使用者对政府绩效信息了解的需要，还可以提供与其相关的非财务报告，如宏观经济状况分析报告、服务结果调查统计分析报告等。

在上述这一系列报表中，资产负债表是最能全面反映政府财务状况的报表，也是其他几张财务报表信息的综合反映。美国和日本在政府会计与财务报告改革方面都追求理想的资产负债表，致力于构建完整的“资产负债信息披露全景图”，以此来全面反映政府财务状况并强化政府的受托责任。日本政府会计改革实践证明，以资产负债表为核心来构建政府财务报告体系的确满足了公众对政府财务信息的需求，也有助于政府强化自身的财务管理，有效履行受托责任。我国在形成新的政府财务报告体系的过程中，也可以借鉴此经验，构建以资产负债表为先导的政府财务报告体系。

综合上述对于政府财务报告体系的构成内容的设想，可以设计出基于绩效管理目的构建的我国政府财务报告体系的基本框架，见表7-1：

表 7-1 **基于绩效管理目的构建的我国政府财务报告体系的基本框架**

<table>
<tr><th colspan="3">财务报告构成</th><th>具体内容</th></tr>
<tr><td rowspan="4">财务报表</td><td rowspan="2">基本财务报表</td><td>政府整体合并报表和部门报表</td><td rowspan="2">资产负债表、财务业绩表（收入支出表）、现金流量表（权责发生制基础）
预算执行情况表（收付实现制基础）</td></tr>
<tr><td>基金报表</td></tr>
<tr><td>财务报表附注</td><td>对基本财务报表信息的进一步解释、说明和补充</td><td>（1）对重要会计政策及其变更情况的说明
（2）对报表中重要项目的说明
（3）对或有事项和资产负债表日后事项的说明
（4）其他</td></tr>
<tr><td>财务报表附表</td><td>对政府财务信息和绩效信息的补充列表</td><td>预算收支明细表、固定资产情况表、借款表、承诺事项表、政府服务项目成本汇总表和业绩指标表等</td></tr>
<tr><td>其他财务报告</td><td colspan="2">政府财务状况相关的以文字分析说明为主的各种报告</td><td>（1）对政府整体财务状况和运营结果的分析
（2）关于报告主体一般情况的说明
（3）其他各类统计报告等</td></tr>
</table>

7.4 重构政府财务报告体系的有效途径

重构我国政府财务报告体系对于我国政府会计领域又将是一项重要的改革。Klimovsky[①]指出，政府内部控制中的反馈和评估机制是决定改革及其质量的一个因素。内部控制对政府会计改革的影响不容小觑。政府财务报告体系的构建涉及高质量政府会计信息披露问题，从现实可行的角度出发，制度基础和实施条件都是首当其冲要考虑的问题，而内部控制科学的管控理念和技术方法恰恰是构建过程中所不可或缺的。

① KLIMOVSKY D. Politics and Its Impact on the Reform Processes: The Case of Public Administration Reform in Slovakia（1989–2006）[M]. Prague: Matfyzpress, 2008.

7.4.1　内部控制对于重构政府财务报告体系的影响

1）制度保障方面的影响

国内外的组织机构和学者曾对内部控制的内涵与作用做过详细而深入的研究。2006年，我国审计署指出，政府内部控制是内部控制要素与过程的统一。从静态角度看，政府内部控制包括控制环境、风险评估、控制活动、信息与沟通、监督五要素；从动态看，政府内部控制是政府为履行职能、应对风险和实现总体运作目标的一种自我约束和规范过程。刘永泽、况玉书（2015）结合前人研究的成果将政府内部控制定义为：政府内部控制是一个由一国政府的监督机构、管理层和其他人员实施的、旨在为实现政府各项行政管理目标提供合理保证的过程。概括地说，政府内部控制是直接作用于政府内部治理的。Saliterer和Korac（2013）指出，自从受到新公共管理改革的启发后，治理结构已经发生了根本性的变化，特别是现在地方公共服务的多元化和分散化迫使政治家和公共管理者加强内部控制应对内部管理和外部问责的挑战。具体而言，根据我国2014年1月1日起施行的《行政事业单位内部控制规范（试行）》，政府部门的内部控制区分部门整体层面和具体业务层面分别进行有针对性的设计和架构。在部门整体层面突出体现了对于部门组织结构、决策机制、岗位职责、人员素质和信息系统五个方面的内部控制要求和设计理念。这样的整体架构可谓高屋建瓴，全方位地把握政府部门工作要点，在制度层面确保政府部门工作的科学、民主和高效。而在具体业务层面则侧重对预算业务、收支业务、政府采购业务、资产控制、合同控制和建设项目控制六个方面进行具体规范。陈文川和余应敏（2016）曾分析指出，财政作为国家治理的基础，其资金管理是国家治理的重要环节，政府内部控制主要通过预算控制来规范资金管理，确保政府合理分配公共资源。政府部门具体业务层面的内部控制规范就充分体现了以预算为主线、以资金管控为核心的内部控制要求，同时它还梳理完善了政府部门业务运行机制，并强调对部门预算编制、执行、评价和反馈的全过程管控，这对于提升政府部门的管理能力来说无疑是作用巨大的。在政府内部控制的作用下，可以使政府能够更加井井有条地处理各方面事务，实现政府各部门的协调融合，提升政府治理能力，进而促进政府公共受托责任的有效履行。政府的良好运转和有效管理对于政府会计信息披露而言，无疑是最大的支撑基础，它将极大地提升政府会计信息披露的质量。

2）实施条件方面的影响

政府财务报告信息的生成有赖于客观、翔实而全面的政府资金使用情况披露。对于未来政府成本会计信息的披露来说，还需要考虑政府成本会计核算上的实际需求。就政府成本会计核算而言，政府部门的资金耗费在成本核算当期可以有两种表现形式：一是可以资本化形成资产，二是不可以资本化而直接形成费用。进而表现为费用的资金耗费，再根据与其使用对象的对应关系划分形成各类成本。由此可见，资产和费用的信息对于成本会计核算是十分重要的。在以收付实现制为主要核算基础的预算会计体系下，资产的核算并不作为重点，同时，也很难在成本核算期间对全部列示为支出的资金耗费进行性质上的划分。2017年10月，财政部发布适用于各级各类行政事业单位的统一的《政府会计制度》，实现了“双基础”会计核算，即财务会计采用权责发生制、预算会计采用收付实现制。其中，政府财务会计的实行可谓为政府成本会计开通了绿色通道，政府的资产情况将得到更加全面而细致的反映，资金耗费也可以按权责发生制合理划分为不同期间和性质。尽管如此，在新《政府会计制度》推行的背景下，政府成本会计实践仍然离不开内部控制的强有力支撑。Nasi和Steccolini（2008）认为，权责发生制会计是一个有用的工具，它由内部需要和管理控制系统的支持而存在。

总的来说，内部控制对于政府会计信息披露方面的影响直接关系着我国政府财务报告体系重构改革能否顺利推行。一方面，政府会计对部门各项经济业务的核算及其受托责任履行情况的反映需要部门内部良好的管理制度和运行机制的配合，否则再好的财务信息披露系统也难以报告非常完整和准确的信息。政府内部控制可以通过制度设计、措施制定和程序安排的相互配合，合理保证单位经济活动合法合规、资产安全和使用有效、财务信息真实完整。显然，内部控制对于提高政府会计信息质量有着至关重要的作用；另一方面，新《政府会计制度》在统一各单位会计核算口径，提供更加丰富翔实会计信息的同时，会计工作量的加大也是不容小觑的，如果在此基础上再增加成本会计核算维度，信息处理的难度可想而知，而当前政府部门内部控制信息化发展实践恰恰给这一难题的解决带来了希望。在“深圳市交通运输委员会626财务管控模式”的建设过程中，就反映出政府部门在没有引入内部控制信息化系统之前，由于涉及的业务量和资金量为数众多，部门管理工作因而压力巨大。深圳市交通运输委员会通过系统评估财政资金管理状况，科学设计和开发内部控制系统，成功建立政府内部控制信息平台，结合单位实际，对业务进行分类管理，建立经费支出管控规则，实现财务与业务一体化。由此，实现了政府控制手段标准化和程序化，有效防范了业务信息失真，保证了资金安全。同时，以“流程控制”代替“经验管理”，并通过信息化手段，确保数据及时准确的分类处理，极大地提高了政府部门的工作效率，减轻了工作压力。因此，我们有理由相信，基于政府内部控制来重构政府财务报告体系更有助于提高政府部门会计信息质量、应对激增的会计信息处理要求。

7.4.2　基于政府会计信息披露需求加强内部控制的改进思路

1）提高政府内部控制意识

我国政府内部控制存在的问题主要源于政府内部控制意识较为薄弱。具体表现为：第一，对政府内部控制重视度不够。部分政府单位负责人认为内部控制无关紧要，以为单位执行的很多政府的规章制度，如预算管理制度等，本身是对单位内部管理的一种约束。很多政府基层工作人员则认为内部控制与己无关，但实际上政府的资金使用、资产管理和政府采购等具体业务是与每一位政府工作人员息息相关的，而内部控制对于政府具体业务的管控会直接影响到工作人员的工作效率和效果。由此，政府公务人员对于内部控制的疏忽就导致目前政府内部控制工作大多浮于表面，政府内部执行力缺失，未能达成应有的控制效果。第二，对政府内部控制认识不足。尽管我国政府已经发布了多项内部控制规范，但很多政府单位依然没有认识到政府内部控制对于防范风险、提升工作质量的重大意义。田祥宇等（2013）强调，相对于企业内部控制，行政事业单位所面对的风险更为复杂和多样，大多数风险必须被部分甚至全部承受。而目前很多政府单位都忽视了在提供公共服务和履行社会受托责任的过程中面临的大量风险，又因为缺少对于政府内部控制在风险防控方面具体方式和方法的认识，因此，并未建立起风险预警、防范、评估、分析机制。

政府工作人员内部控制意识不足，就会从主观层面排斥进行相应的内部控制工作，实践效果可想而知。为了提高政府工作人员的内部控制意识，使政府内部控制效能得到最大程度的发挥，有必要从加强对内部控制的认识和了解入手。首先，要进行政府内部控制的宣讲活动。采取宣传讲座形式的目的是使政府工作人员意识到政府运营所面临的各种风险，了解内部控制的内涵、目标、内容和方法等，并通过政府内部控制建设成功案例的介绍与分析，让政府工作人员切身感受到内部控制所能发挥的作用和达成的效果。其次，要实施政府内部控制的全员培训计划。具体来说，就是对政府领导层及员工定期进行有组织的培训，学习内部控制基本原理和具体实施方式，深化对内部控制的认识，从源头上促进内部控制建设，形成思想先行、行动跟进的局面，进而推动内控制度“落地工作”，为政府会计信息披露营建健康有序的控制环境，从根本上为政府会计信息披露质量提供保证。

2）加强政府内部控制制度建设与监管

目前我国大多数政府单位的内部控制制度建设流于形式，往往是照搬国家发布的统一的内部控制规范，真正结合自身实际情况制定系统科学、合理的内部控制制度的屈指可数。大多数政府单位多是凭借工作经验或者上级的口头规定处理业务，也有的单位由各个部门、处室各自制定、管理、保管各自的业务管理制度。虽然有些单位有制度汇编，但仅仅是将制度汇总成册，并不是将现有制度进行统一编制，单位的内部管理制度间容易出现交叉、重叠的情况。另外，很多政府单位的管理制度文本格式较为随意，没有按既定的范式统一编制，对新旧制度更替时间标注也不够明确。由此，政府单位内部控制制度建设的缺失和不足就会导致政府单位岗位设置不合理，工作职责不明确，甚至一人多岗、不相容岗位兼职现象时有发生。出现这一问题的原因很大程度上与政府内部控制监督工作不到位、政府内部控制监督考核机制不够健全有关。监管力度不够，就可能削弱授权审批制度作用的发挥，进而产生大权独揽的现象，于是行政腐败、滥用职权、资金使用效率低下、资源配置不合理等问题就会接踵而来。由此，对于政府会计工作也会产生一系列诸如原始凭证管理不规范、会计核算随意性较大、资产、负债账实不符等不良影响，最终导致政府会计信息披露失真。

为此，就需要从政府内部控制的制度建设与监管两个方面入手进行改革。

首先，制定适用的政府单位内部控制制度。政府发布统一的《行政事业单位内部控制规范》更多的是说明政府内部控制的标准和要求，并没有涉及具体政府单位的特殊业务和具体情况。各政府单位若要使内部控制真正发挥其作用，就要在统一的内部控制规范的基础上结合本单位的实际量身定制具体合用的单位内部控制制度。这样，政府单位才能更好地实现对不同类型业务的分类管理，明确单位各部门各岗位的职责权限，为有规律的业务事项建立固定的内部控制运行规则，为临时性业务设计适当的处理机制。政府内部控制制度的设计是否合理关系到内部控制措施能否顺利执行和达到预期效果，因此，它是政府内部控制建设中极为关键的一环，在制定过程中必须结合大量的前期实际调研，摸清政府单位管理存在的主要问题，因地制宜地设计制定本单位的内部控制制度。这样既为政府单位内部控制的良好运行打下坚实的基础，同时也为政府会计信息披露的规范性和精准性提供有力保障。此外，为满足全面披露政府会计信息的需要，政府内部控制除了要助力新政府会计制度实施、保障预算会计和财务会计信息披露质量之外，还要充分发挥内部控制的优势，在政府内部控制建设过程中，格外关注政府成本的构成及分类，并制定相应的成本控制目标。其具体体现为在内部控制程序的设计中注重采用各种控制方法对政府资金使用进行管控，细化政府支出的具体内容，方便政府进行成本项目的归集与分配，正确核算政府各项成本的发生数额，进而有针对性地进行政府成本管理，提高政府资金使用效率，增强政府执政能力。这对于我国未来将要进行的政府成本会计核算及信息披露是至关重要的。

其次，完善政府内部控制监督管理。政府内部控制的运行情况和实施效果不仅与制度的科学制定息息相关，同时也离不开政府对于内部控制有效的监管管理。为此，一方面，政府在日常管理中要以“自上而下的标准化管理思路”为出发点，落实明确各个职能部门的职责、权限以及主要负责的业务流程，贯彻执行授权审批程序，力求内部授权批准与集体决策相协同，重大事项由集体讨论决策，并将决策结果公开、透明化，降低政府与社会公众之间的信息不对称，增强对会计披露信息质量的信任。在此基础上，政府还可以实行关键岗位轮岗制度，并对业务流程的具体工作环节制定工作细则，进一步促进政府内部控制的良性运转。另一方面，在对政府内部控制的监督中，要充分发挥政府内部审计的重要作用。政府要建立内部独立、健全、权威的内部审计部门，并配备专业的人才，对内部控制制度的执行情况进行实时监督检查，发现问题及时进行有针对性的整改。同时，政府单位还要积极配合国家审计部门和财政部门的审查，由此形成内外合力，共同监督政府单位内部控制的执行，防止徇私舞弊的发生。在对政府内部控制监督过程中尤其要加强对政府会计信息质量的监督检查，及时发现会计信息的疑点及漏洞，力求遏制政绩观下政府会计数据造假情况的发生。

3）建立政府内部控制信息化系统

信息沟通顺畅是政府各项工作顺利开展的重要保证。陈文川和余应敏（2016）指出，信息化已是现代化的重要内容，这就要求政府部门运用信息技术手段加强内部控制。但目前，大部分政府单位尚未建立信息化内部控制系统，即便有很多单位使用了信息化办公软件，但实际上也并未涉及全部业务的流程管理，除收支业务和资产业务外，其他业务活动的信息化处理程度不高，特别是合同管理，基本上不在信息系统里统一处理。因而导致政府单位各部门之间、不同岗位之间由于受到不同业务属性的制约，无法取得与其他岗位工作的有效衔接方式，内部交流存在严重的问题，无法及时传达信息，信息不对称严重，形成信息分割、信息“孤岛”的局面。由此产生的后果就是各部门工作内耗情况突出，政府无法依据各项业务信息及时准确地做出决策，政府的运行效率和效果大打折扣。

信息化系统是减少人为干扰内部控制制度执行的有效手段。在“互联网+”和大数据的时代背景下，只有通过信息化系统才能保证政府内部控制制度真正执行，使预先确定的目标得到贯彻落实。政府内部控制信息化系统将借助人工智能、云计算、通信技术等对接整合原有政府会计信息系统，梳理管控流程，将政府内部控制的目标、风险、措施贯穿其中，固化业务流程，严格设置内部控制权限，进而有效促进政府各部门相互制约和监督，杜绝舞弊、滥用权力等现象，达到经济活动的规范化、标准化，确保政府受托责任的有效履行。具体来说，由于政府内部控制信息化系统具有强制性、可追溯性和一致性。因此，可以在这一信息化平台的作用下，将政府各部门联系起来，直接在信息系统中收集、发布、整合、处理信息，促进各部门间横向纵向的沟通交流，加快信息传递，实现资源共享，大大提高工作效率。另外，信息系统可以保留完整的业务记录，包括记载交接任务的时间和人员，以及具体的任务执行和处理情况等，减少人为操纵的因素，保护信息的安全。深圳市交通运输委员会是我国较早尝试设计运行内部控制信息化系统的政府单位。其建立的“626”财务管控模式通过对单位业务的分类管理，实现了对单位资源的有效配置；通过设计经费支出结构，建立经费支出管控规则，实现了财务与业务一体化；通过设计审批权限及审批程序，实现了财权与事权的有效匹配；通过完善预算控制程序，实现了对预算执行全过程的管控。深圳市交通运输委员会内部控制建设的成功经验让我们实实在在地看到了政府内部控制信息化系统的突出成效，同时也给其他政府单位起到了很好的示范作用。从政府会计信息披露的需求来看，政府内部控制信息化系统的建设是具有划时代意义的，它将使财务信息的提取和处理更加方便和快捷，能极大地提高政府会计信息披露水平。因此，在新政府会计制度即将全面推行的背景下，加快政府内部控制信息化系统建设刻不容缓。

7.5 重构政府财务报告体系需注意的问题

7.5.1 改革的实施范围：由点到面

尽管目前广泛存在的政府会计信息使用者对政府财务报告披露信息的需求较为广泛，比如前面提到的土地、债权和行政事业单位非经营性固定资产、国有企业产权、基础设施、文物、文化遗产和显性债务等资产负债信息都有纳入政府财务报告披露信息范畴的需要，但这并不意味着需要一步到位的改革，而是根据需要在改革的横向实施范围上区分重点，由点到面地分层次展开。

具体而言，土地、债权、非经营性固定资产、显性债务可以优先考虑纳入政府财务报告的范畴。对于土地使用权、隐性债务等暂时无法列入核算体系的信息，需要考虑以文字的形式在会计报告中体现。债权和固定资产在目前已经大部分纳入政府会计的核算范围，但是需要进一步完善核算方法，使固定资产信息更加完整。政府动用政府资金保障的文物、文化遗产等，则需考虑其核算上的难度和需求的迫切性差异，暂不纳入会计核算体系，但是应该按照政府决策需要的不同紧迫程度，逐步纳入政府层面报告。除此之外，还应合理确定政府会计信息披露的边界范围，不能盲目增加会计信息的披露内容，应注重遵循成本与效益相结合的原则。

7.5.2 改革的实施条件：制度配合

政府财务报告要想披露全面政府会计信息，只追求披露内容和形式的设计还不足以从根本上建立新的政府财务报告体系。解决这一问题的关键是要从制度规范入手，要求各级政府及部门按照新的会计核算基础、核算内容编制政府财务报告，这样才能形成全面政府会计信息的生成机制。而对原有在政府部门和基层单位中已存在较好的核算，只是由于这些信息最终未经过有效的整合和传递机制而导致监督、决策和管理中的信息匮乏的部分，则需要通过良好的科目设计和报表设计，使原已生成的信息能够顺利汇总并进行合理披露。

7.5.3 改革的实施要点：加强非财务信息披露

IPSASB咨询稿强调，公共部门财务报告中应包括更多的有关服务提供目标实现的非财务信息以及对法定预算的遵循信息。这主要是由公共部门受托责任及其评价的内容决定的。公共部门受托责任的内容既包括严格按照法定预算获取资源、支付公共支出等（合规性受托责任），也包括经济、高效地使用资源以提供公共服务（绩效性受托责任）。相应地，对公共部门受托责任履行情况的评价内容既包括主体预算遵循情况，也包括主体运营绩效及提供服务目标的实现等情况。而公共部门所掌握资源的多样性（既有财务资源也有非财务资源）、提供服务活动性质的特殊性、活动结果和产出计量上的复杂性都决定了与私人部门相比较，需要依赖更多的非财务信息，才能对公共部门受托责任履行情况进行客观、全面的分析和评价。

第 8 章

研究结论与政策建议

总结全书，作者以政府会计相关理论的分析为基础，通过对国外政府会计改革经验的借鉴，着重从政府会计理论体系、核算体系和财务报告体系三个方面探讨了以绩效管理为导向的我国政府会计体系的构建问题。至于具体的政府会计改革实施过程，则需要政府主管部门、相关专家学者和众多的实务工作者共同努力方能达到预期的效果。

8.1 研究结论

本书通过研究，主要得出以下结论：

1）关于构建政府会计体系的导向问题

我国现行的预算会计体系就其制定背景来看，主要目的是满足政府预算管理的需要。而目前随着国际、国内经济环境和社会环境的变化，我国政府的职能发生了改变，政府由管理型转向服务型，在此影响下，传统的政府行政管理也转向了政府绩效管理。政府会计作为绩效管理重要信息的来源，显然，原有的预算会计体系已不能满足需要，必须进行改革。如何构建新的政府会计体系，需要从政府的受托责任角度来分析。政府所承担的受托责任按照信息使用者的需求不同可以分为合规受托责任、财务受托责任和绩效受托责任。我国现行的预算会计体系基本实现了对政府合规性受托责任履行情况的反映。而对于实施政府绩效管理而言，所需要的会计信息不再仅仅局限为合规性的会计信息，更重要的是财务信息和绩效信息的全面披露。因而，新的政府会计体系要对政府财务受托责任和绩效受托责任也能进行反映，这就需要建立政府财务会计和成本会计。因此，作者认为，我国的政府会计改革核心就是以绩效管理为导向构建以预算会计、财务会计和成本会计为主要内容的政府会计体系。

2）关于政府会计的界定

学术界对于政府会计的界定一直都有争论，焦点主要集中于原预算会计体系中事业单位会计和民间非营利组织会计的归属问题。作者认为，对于这个问题的分析应本着“实质重于形式”的原则，根据各类型组织经济资源来判断归属。其中，主要依靠财政拨款并纳入国家预算管理的组织的会计应纳入政府会计范畴，这主要包括我国预算会计体系中的财政总预算会计、行政单位会计和事业单位会计。而事业单位目前的情况比较特殊，事业单位收入呈现多元化趋势，有些事业单位甚至可以完全通过市场配置资源。这样，我们对于事业单位会计的划分就要仔细辨别该事业单位财务资源的来源。如果事业单位在财务来源上与财政脱钩主要依靠市场配置资源，那么其经过改制后公益性的事业单位会计纳入民间非营利组织会计范畴，非公益性事业单位会计则纳入企业会计范畴，否则依然保留在政府会计范畴中。基于上述的分析结论，我国的会计领域就可以明确地分为三大类：政府会计、民间非营利组织会计和企业会计。

3）关于国外政府会计改革对我国的启示

伴随着新公共管理运动，世界各国纷纷进行了以改革政府会计核算基础为主线的政府会计改革。各国政府会计改革经验对我国构建新的政府会计体系有很多启示。首先，在改革方式上，各国实际情况的不同决定了政府会计改革方式也会不同，主要有“一步到位式”和“渐进式”两种方式。两种方式各有利弊，也各有适用的情况。我国应在这方面慎重选择。其次，在处理预算和政府会计的关系上，我国也应借鉴其他国家做法，注重协调二者的关系。最后，在改革的实施环境上，我们需要清楚地认识到，政府会计改革只有在公共管理改革的整体氛围中各相关制度配合才能取得成功。

4）关于政府会计的理论体系

基于绩效管理目的构建政府会计体系，显然政府会计的目标、主体、核算基础和会计要素都会较原有的基于预算管理目的建立的预算会计体系发生显著的改变。在政府会计理论体系的研究中，本书重点从政府会计的目标、主体、核算基础和会计要素内涵的界定四个方面进行了探讨。

在我国政府会计改革目标定位的问题上，本书围绕政府会计“向谁提供会计信息”“提供什么样的会计信息”以及“提供这些会计信息要达到什么目的”这三个问题展开了分析。从会计信息使用者的构成来看，我国政府会计信息使用者呈现越来越多样化、涉及范围也越来越广泛的趋势；我国政府会计信息使用者对会计信息需求相当广泛，主要体现为从过去主要对预算执行信息的需求转向公共服务成本、公共绩效管理和财政可持续性等财务信息的需求变化；从使用政府会计信息的目的上看，不同使用者会持有各不相同的目的。通过对这些问题的分析，作者将我国的政府会计目标划分为基本目标和具体目标两个层次。其中，基本目标界定为反映政府公共受托责任履行情况，具体目标则从预算管理目标和财务成本管理目标两方面进行界定。在会计目标实现的次序上，作者认为不能操之过急，而应该渐进式推进，在实现合规受托责任目标的基础上，逐步实现财务受托责任的目标，进而向更高层次发展，即向绩效性受托责任目标的实现而努力。

对于我国的政府会计主体，为了全面反映受托责任的履行情况，作者认为，我国政府会计主体的界定可以借鉴西方国家的做法采用“组织主体”和“基金主体”的“双主体模式”。政府会计的组织主体又可以具体区分为核算主体与报告主体。其中，政府会计核算主体可以大致包括行政单位、事业单位（指主要接受国家预算拨款的事业单位）、政府性基金。报告主体主要包括各级政府以及使用公共资源的相关单位（主要指行政单位和接受预算拨款的事业单位）。从报告形式上看，又可以具体分为单个报告主体与合并报告主体这两个不同层面。尤其是合并报告主体的界定上，关键问题在于确定报告主体应当由哪些个体构成，将这些个体纳入合并范围的基础和依据是什么。对于基金会计主体的确定，可以借鉴美国政府基金会计的合理内核，对个别项目的核算采用基金会计形式，编制基金财务报告。

政府会计核算基础的选择一直是世界各国政府会计改革的核心问题。本书全面分析了会计核算基础的类型，并重点对收付实现制和权责发生制的优缺点进行了评价。在此基础上，作者认为，适应我国新的政府会计体系的构建，应建立收付实现制与权责发生制并行的“双轨制”会计核算基础。具体来说，以预算管理为目标的政府预算会计系统采用收付实现制基础进行核算，以财务成本管理为目标的政府财务会计、成本会计系统，则需要引入权责发生制进行核算。

要基于绩效管理构建我国的政府会计体系，合理确定会计要素的构成及定义是非常重要的基础性工作。作者研究认为，我国政府的资产应尽可能确认现有的金融资产和非金融资产；负债方面既要包括显性负债也要包括隐性负债，其中，隐性负债考虑披露成本和绩效评价的需求，采用适当方式在表内或表外确认或披露；对于净资产，若要使其客观反映政府履行责任的持续能力，关键要注意政府资产与负债确认的合理性与对称性；收入方面需要根据新的政府收支分类的要求全面反映政府的收入来源；支出要素则应全面反映政府资源的总耗费，包括政府所有的付现成本和非付现成本。

5）关于政府会计的核算体系

作者根据政府会计的不同职能，结合对政府会计目标的分析，将政府会计核算体系划分为预算会计、政府财务会计和政府成本会计三部分内容。

对于预算会计部分，从核算基础来看，作者认为，在构建新的政府会计体系过程中，对于预算会计部分的核算仍然可以保留原有的会计核算基础，即主要采用收付实现制。此外，为了配合政府业绩的评价与考核，也可以将权责发生制会计核算基础作为必要的补充；从核算内容来看，预算收入、支出的核算内容，可以根据2018年我国新修订的政府收支分类改革的有关内容加以明确。

对于财务会计部分，从核算基础来看，适应政府财务会计的会计核算基础应是权责发生制或修正的权责发生制；从核算内容来看，政府财务会计应对主体用于提供货物或服务的所有资源和承担的所有负债进行反映，收入、支出方面则除了按照政府收支分类改革的相关规定进行核算外，还要注意根据政府财务会计的核算基础的要求，对固定资产折旧费用、无形资产摊销费用等非付现成本也纳入财务会计支出的核算范围。

对于政府成本会计部分，本书侧重分析了建立成本会计的意义，并对成本会计的核算范围和核算方法进行了探讨。其中，政府成本会计的核算内容主要包括：具体项目的项目成本和政府部门的运营及服务成本两个方面。政府成本会计的核算方法则需要根据不同的核算情况分别采用分步法、分批法、作业成本法等。

6）关于政府财务报告体系

政府财务报告作为政府会计的最终产品，它的信息披露质量决定了能否为政府绩效管理提供有力的数据支撑。作者认为，我国政府财务报告体系适于采用双重报告模型，即分别从政府组织层面和基金层面进行报告。从财务报告的披露方式看，我国的政府财务报告应由财务报表和其他财务报告组成。其中，财务报表又分为基本财务报表、财务报表附注和财务报表附表三部分。政府层面和基金层面的基本财务报表都应包括以收付实现制为基础的预算执行情况表和以权责发生制为基础的资产负债表、收入支出表、现金流量表。财务报表的附注披露的内容主要包括：对重要会计政策及其变更情况的说明；对报表中重要项目的说明；对或有事项和资产负债表日后事项的说明以及对政府绩效情况的说明等。财务报表附表包括的内容主要有与预算执行情况、资产、负债和政府绩效相关的各类报表。其他财务报告部分则主要包括对政府整体财务状况和运营结果的综合分析、关于报告主体一般情况的说明和其他各类统计报告等。此外，作者还对构建我国政府财务报告体系的有效途径进行了较为深入的分析，指出内部控制对于构建我国的政府财务报告体系的重要影响，并具体分析了可行的基于政府会计信息披露需求加强内部控制的改进思路。

8.2 政策建议

我国的政府会计改革在国家相关主管部门的领导下正在有条不紊地进行着，这一进程也受到了理论界和实务界的多方关注。我国的政府会计改革应该如何选择方向和路径？实施中要注意哪些问题？作者认为，政府会计改革必须结合我国的具体国情，分步骤、有重点、循序渐进地执行。

1）政府会计改革应该立足国情，借鉴国际，分步实施

政府会计有别于企业会计。政府会计与一国的政治、经济环境以及社会价值观有着密切联系，相比企业会计而言，各国的政府会计更强调特性而非共性。国际上没有一套政府会计的改革模式与标准体系是适用于所有国家的，政府会计标准体系的建设不能盲目照搬西方国家的改革模式。我国现有的政府会计研究在探讨政府会计改革问题时，多引用西方经典文献的研究结论。但西方文献的研究结论是否适用于我国的实际环境，还有待我国数据的检验。因此，我国政府会计改革路径的设计，可以借鉴西方国家的成功经验，但仍应立足本国国情。

另一方面，我国的政府会计改革不可能一蹴而就，它是一个循序渐进的过程。政府会计改革必须与财政预算体制、公共管理体制等相关改革配合。预算会计以反映预算编制与执行的全过程为目标，实现对预算资金运用的反映与控制职能，预算会计的科目可以考虑使用政府收支分类科目，以便与现有的预算管理体制相适应，节约改革成本。财务会计以反映政府财务状况与运营绩效为目标，对外披露财务报告并满足政府利益相关者的信息需求。政府成本会计担负着提供政府部门运行成本和服务成本等信息的重要责任。政府财务会计系统的构建需要结合政府的实际环境，尽可能地引入企业会计的核算理念。我国的政府会计改革需要全盘规划，制定路线图，作为系统工程进行设计。

2）政府会计改革应注重理论研究

我国在推行政府会计改革时，应理论研究先行、专业教育配合。构建符合我国政府会计环境的政府会计理论体系，将为我国未来制定政府会计准则体系奠定基础并提供理论指引。在理论研究中，我国政府会计概念框架的研究与政府会计标准体系的研究可以同步进行，同步实施。政府会计概念框架与政府会计标准体系应该适时推出，相互配合，互为完善。为此，需要加大学术界的理论支持。各行业学会、学术组织、高等学校应加大政府会计方面研究力量的投入。理论工作者在研究中需结合我国的政治经济环境，以及政府会计的现状、难题与改革步骤进行具有针对性与实践操作价值的研究。

3）政府会计改革的实施要注重各部门的协调配合

政府会计改革并非单纯会计技术层面的问题，它还是各利益集团政治博弈的结果。我国有关部门在设计政府会计改革路径时，必须通盘考虑，制定周全、详细的路线图，按照系统工程的方式来规划改革。在改革路径的设计与选择过程中，改革的决策者应该加强部门间的交流与合作，特别是会计标准的制定部门与业务活动的主管部门之间的沟通与协调。实际实施政府会计改革时，需要全面考虑各利益集团的信息需求，协调并配合相关领域的其他改革。政府会计改革路线图应征求社会公众与有关部门的意见，避免盲目实施改革带来不必要的阻力。

主要参考文献

[1] 阿兰 T.政府预算与会计改革 [M]. 北京：中信出版社，2002：3-21.

[2] 奥斯本 D，盖布勒 T. 改革政府：企业精神如何改革着公营部门 [M]. 周敦仁，汤国维，寿进文，译. 上海：上海译文出版社，1996.

[3] 奥斯本 D，普拉斯特里克 P. 摒弃官僚制：政府再造的五项战略 [M]. 北京：中国人民大学出版社，2002：12-36.

[4] 包国宪，向林科. 中国政府绩效管理知识图谱分析 [J]. 兰州大学学报：社会科学版，2016 (2)：46-53.

[5] 本刊编辑部. 政府会计改革攻坚 [J]. 财会通讯，2009 (34)：1.

[6] 北京市预算会计研究会. 关于建立中国政府会计准则的研究报告 [J]. 会计研究，2006 (3)：34-44.

[7] 贝洪俊，白玉华. 基于政府绩效评价谈政府成本会计的推行 [J]. 财会月刊，2009 (36)：28-29.

[8] 财政部预算司，香港理工大学课题组. 政府财务报告——公立单位委员会第11号研究报告 [M]. 北京：中国财政经济出版社，2002.

[9] 财政部会计司. 政府会计研究报告 [M]. 大连：东北财经大学出版社，2005.

[10] 财政部会计准则委员会. 政府绩效评价与政府会计 [M]. 大连：大连出版社，2005：148.

［11］财政部财政科学研究所《绩效预算》课题组．美国政府绩效评价体系［M］．北京：经济管理出版社，2004．

［12］财政部会计司考察团．英、法非营利组织和政府会计准则考察报告［J］．会计研究，2004（11）：81-83．

［13］曹荣，任闻宇，杨明波．基于平衡计分卡的政府绩效评估［J］．沿海企业与科技，2006（1）：160-161．

［14］常丽．美、日政府资产负债信息披露全景图比较研究［J］．财政研究，2010（8）：36-41．

［15］常丽．我国政府会计确认基础改进的路径选择及实施环节［J］．财政研究，2009（10）：66-68．

［16］常丽．绩效预算改革与政府成本会计的构建［J］．财政研究，2009（1）：22-25．

［17］常丽．新公共治理、政府绩效评价与我国政府财务报告的改进［J］．会计研究，2008（4）：19-24．

［18］陈俊星．基于公众导向理念的地方政府绩效管理［J］．行政论坛，2015（1）：58-62．

［19］陈立齐，李建发．国际政府会计准则及其发展评述［J］．会计研究，2003（9）：49-52．

［20］陈劲松，彭珏，石道金．我国政府会计组成体系构建［J］．财会通讯：学术版，2008（4）：24-26．

［21］陈胜群，陈工孟，高宁．政府会计基础比较研究——传统的收付实现制与崛起的权责发生制，孰优孰劣？［J］．会计研究，2002（5）：34-39．

［22］陈穗红，金介辉，石英华．论我国政府会计权责发生制的应用问题［J］．财政研究，2004（11）：11-14．

［23］陈廷超．论基层政府绩效管理的价值取向体系及其构建［J］．管理观察，2016（9）：23-25．

［24］陈文川，余应敏．国家治理现代化背景下政府内部控制的职能拓展［J］．审计研究，2016（4）：99-106．

［25］陈小悦，陈璇．政府会计目标及其相关问题的理论探讨［J］．

会计研究，2005（11）：61-65.

［26］陈志斌．政府会计概念框架整体分析模型［J］．会计研究，2009（2）：19-27.

［27］程晓佳．财政透明度与政府会计改革［J］．会计研究，2004（9）：22-27.

［28］房巧玲，田世宁．美国、澳大利亚政府综合财务报告审计实践的发展与比较［J］．会计之友，2018（10）：6-12.

［29］范柏乃．政府绩效评估理论与实务［M］．北京：人民出版社，2005.

［30］冯静．论政府绩效评估体制改革［J］．中南财经政法大学学报，2006（2）：83-86.

［31］高绍福，胡志勇．论政府会计“资产”的定义［J］．财会月刊，2009（20）：6-7.

［32］郭济．绩效政府：理论与实践创新［M］．北京：清华大学出版社，2005.

［33］国际会计师联合会．国际公共部门会计文告手册：2003［M］．大连：东北财经大学出版社，2004.

［34］胡志勇．政府会计目标的中西比较［J］．生产力研究，2009（13）：184-185.

［35］胡税根．公共部门绩效管理：迎接效能革命的挑战［M］．杭州：浙江大学出版社，2005.

［36］胡宁生．构建公共部门绩效管理体系［J］．中国行政管理，2006（3）：18-21.

［37］黄世忠，刘用铨，王平．美国联邦政府会计难点热点问题及其启示——基于联邦政府审计报告的分析［J］．会计研究，2004（11）：13-18.

［38］黄志霞．中新政府财务信息披露体系的比较［J］．财会月刊，2004（12a）：48-49.

［39］何瑞雄．浅议公共受托责任［J］．财会通讯，2007（3）：81-82.

［40］沃尔曼 H．比较英德公共部门改革［M］．王锋，译．北京：北

京大学出版社，2004.

［41］靳能泉. 我国政府会计的改进：一个公共危机背景［J］. 当代经济管理，2010（6）：95-97.

［42］靳能泉. 政府会计目标体系的构建［J］. 财会通讯，2010（13）：47-48.

［43］孔龙，徐在起. 我国政府会计引入权责发生制会计基础的思考［J］. 财会研究，2009（6）：31-33.

［44］路军伟. 我国政府会计改革取向定位与改革路径设计——基于多重理论视角［J］. 会计研究，2010（8）：62-68.

［45］刘谊，廖莹毅. 权责发生制预算会计改革：OECD国家的经验及启示［J］. 会计研究，2004（7）：10-14.

［46］刘娴. 美国政府绩效管理运动及其对我国政府绩效管理的启示［D］. 南京理工大学，2007.

［47］刘熙瑞. 服务型政府——经济全球化背景下中国政府改革的目标选择［J］. 中国行政管理，2002（7）：5-7.

［48］刘国平，蒋宝恩. 世界各国经济概况［M］. 北京：经济科学出版社，2001.

［49］刘玉廷. 我国政府会计改革的若干问题［J］. 会计研究，2004（9）：3-6.

［50］李建发. 政府及非营利组织会计［M］. 大连：东北财经大学出版社，2002.

［51］李建发，肖华. 公共财务管理与政府财务报告改革［J］. 会计研究，2004（9）：7-10.

［52］李蕾，曹雨露. 美国政府财务报告模式的沿革及启示［J］. 财务与会计，2004（1）：59-61.

［53］李炜光. 打开预算“暗箱”［J］. 财经，2010（6）：26-27.

［54］李媛，郜恺，周瑀. 试论我国政府会计体系的重构［J］. 中国管理信息化，2009，12（24）：34-36.

［55］李百顺. 我国公民问责的现状及路径研究［J］. 河南科技学院学报，2010（9）：26-29.

［56］林琼，凌文辁．试论社会转型期政府绩效的价值选择［J］．学术研究，2002（3）：87-91．

［57］陆建桥．关于加强我国政府会计理论研究的几个问题［J］．会计研究，2004（7）：3-9．

［58］路军伟．我国政府会计改革取向定位与改革路径设计——基于多重理论视角［J］．会计研究，2010（8）：62-68．

［59］MATHESON A．良好的公共部门治理：西方国家预算及改革的基本理论［C］．2001年政府预算与政府会计国际研讨会（北京），2001．

［60］麻东锋，赵丽萍．基于委托代理理论的政府财务报告改革［J］．会计之友，2010（19）：28-29．

［61］缪勒 D C．公共选择理论［M］．杨春学，译．北京：中国社会科学出版社，1999：4．

［62］纳特 B C．公共和第三部门组织的战略管理：领导手册［M］．陈振明，译．北京：中国人民大学出版社，2001．

［63］李明，肖小明．理论、价值与环境——发达国家政府绩效管理的基础分析［J］．中共南京市委党校学报，2011（4）：46-49．

［64］连华，刘旭．公共财政支出绩效评价的国际借鉴与启示［J］．宏观经济管理，2012（4）：81-83．

［65］普雷姆詹德 A．有效的政府会计［M］．北京：中国金融出版社，1996．

［66］田祥宇，王鹏，唐大鹏．我国行政事业单位内部控制制度特征研究［J］．会计研究，2013（9）：29-35．

［67］刘永泽，况玉书．关于政府内部控制的几个问题［J］．会计与控制评论，2014：73-77．

［68］王艳艳．新公共管理视野下的政府绩效管理体系建构——基于卓越教授《政府绩效管理概论》的分析［J］．人力资源管理，2017（12）：2-4．

［69］宋琴婷，彭文龙．经济新常态下的政府绩效评估价值取向研究［J］．才智，2016（25）：236-238．

［70］尹一喃．基层政府绩效管理的价值取向体系及其构建［J］．管

理观察，2017（3）：66-68.

［71］陈志斌，周曙光. 政府会计国家治理功能的界定研究［J］. 会计研究，2017（11）：31-37.

［72］肖霞. 政府绩效审计评价指标体系的探索与构建［J］. 新经济，2016（1）：6-7.

［73］孙斐，包国宪. 政府绩效管理价值的平衡研究［J］. 兰州大学学报：社会科学版，2012，40（5）：91-100.

［74］杨世忠，许江波，张丹. 作业成本法在高校教育成本核算中的应用研究——基于某高校成本核算的实例分析［J］. 会计研究，2012（4）：14-19.

［75］叶朝辉，牟晓云，于方坤. 地方政府绩效评价指标体系设计方法研究［J］. 时代金融，2017（8）：24-25.

［76］姜秀敏，韩笑. 我国政府绩效评估"双e螺旋循环"模式的构建［J］. 行政论坛，2018（2）：73-79.

［77］谢能重. 政府绩效管理法制化：导向、体系与原则［J］. 领导科学，2018（23）：16-19.

［78］钱金淼. 建立科学的政府绩效评估体系［J］. 经济研究导刊，2015（2）：264-265.

［79］周书楠. 地方政府绩效评估改革的动力传导机制研究［J］. 领导科学，2018（5）：32-34.

［80］于海燕. 公共治理视角的政府绩效评估主体多元化［J］. 公安研究，2014（6）：88.

［81］李丹阳. 从单一到多元：政府绩效评估主体体系的合理构建［J］. 法制博览，2015（15）：288-289.

［82］张小巍. 政府会计改革的稳定形式探究［J］. 统计与管理，2017（5）：79-80.

［83］刘力. 基于绩效管理的政府综合财务报告体系构建［J］. 预算管理与会计，2016（11）：23-24.

［84］荆新. 我国政府会计准则体系的结构与协调问题研究［J］. 会计与经济研究，2017（1）：22-29.

［85］荆新．政府会计体系的演进、解构与整合［J］．会计之友，2018（3）：2-5．

［86］马宝成．试论政府绩效评估的价值取向［J］．中国行政管理，2001（5）：18-20．

［87］米勒．高质量财务报告［M］．阎达五，译．北京：机械工业出版社，2004．

［88］孟华．政府绩效评估：美国的经验与中国的实践［M］．上海：上海人民出版社，2006．

［89］亨利．公共行政与公共事务［M］．孙迎春，译．北京：中国人民大学出版社，2002：198．

［90］霍哲 M.公共生产力手册［M］．纽约：马赛尔·迪克出版社，2004：636．

［91］休斯 O E.公共管理导论［M］．北京：中国人民大学出版社，2004：213-215．

［92］财政部．欧洲政府会计与预算改革［M］．大连：东北财经大学出版社，2005．

［93］基利 P.公共部门标杆管理：突破政府绩效的瓶颈［M］．北京：中国人民大学出版社，2002．

［94］彭国甫，盛明科．政府绩效评估指标体系三维立体逻辑框架的结构与运用研究［J］．兰州大学学报：社会科学版，2007（1）：40-46．

［95］彭国甫．地方政府绩效评估程序的制度安排［J］．求索，2004（10）：63-65．

［96］彭国甫．基于DEA模型的地方政府公共事业管理有效性评价——对湖南省11个地级州市政府的实证分析［J］．中国软科学，2005（8）：128-133．

［97］弗里曼 R J，肖尔德斯 C D.政府及非营利组织会计：理论与实践［M］．赵建勇，译．上海：上海财经大学出版社，2004．

［98］萨缪尔森，诺德豪斯．经济学［M］．高鸿业，等，译．12版．北京：中国发展出版社，1992．

［99］石国亮．服务型政府［M］．北京：研究出版社，2008．

[100] 唐任伍，唐天伟. 2002年中国省级地方政府效率测度 [J]. 中国行政管理，2004 (6)：64-68.

[101] 滕绍娟. 构建功能完善的政府会计核算体系 [J]. 会计之友，2008 (3)：21-22.

[102] 王庆东，常丽. 新公共管理与政府财务信息披露思考 [J]. 会计研究，2004 (4)：73-76.

[103] 王伟佳. 预算绩效评价制度的创新与财政支出管理新机制的构建 [J]. 佳木斯大学社会科学学报，2005，23 (1)：43-44.

[104] 王谦，周卓儒. 公共部门绩效评价的标杆管理与数据包络分析 [J]. 西南交通大学学报，2004，39 (5)：585-589.

[105] 吴君亮. 三预算，三"门道" [J]. 财经，2010 (8)：105-107.

[106] 吴建南，郭雯菁. 绩效目标实现的因果分析：平衡计分卡在地方政府绩效管理中的应用 [J]. 管理评论，2004，16 (6)：22-27.

[107] 肖小明，陶学荣. 试论政府绩效评估的"四E"与"三R"评估标准 [J]. Journal of US -China Public Administration，2005，2 (11)：19-21.

[108] 肖鹏. 基于防范财政风险视角的中国政府会计改革探讨 [J]. 会计研究，2010，22 (6)：61-64.

[109] 萧英达，张继勋，刘志远. 国际比较审计 [M]. 上海：立信会计出版社，2000：88.

[110] 徐曙娜. 财政受托责任的理论分析 [J]. 税务与经济，2005 (1)：35-38.

[111] 香港理工大学中国会计与金融研究中心组织翻译. 美国州和地方政府会计与财务报告准则汇编 [M]. 北京：人民出版社，2004.

[112] 洛伊. 自由主义的终结 [M] //登哈特. 公共组织理论. 北京：中国人民大学出版社，2003：146.

[113] 萨缪尔森，诺德豪斯. 经济学 [M]. 高鸿业，等，译. 北京：中国发展出版社，1992.

[114] 杨皓然. 西方国家政府绩效评估的理念及其借鉴意义 [J]. 学术论坛，2005 (1)：44-47.

[115] 袁有杰. 模糊评价法在政府部门绩效评估中的应用 [J]. 统计与决策，2006（1）：70-71.

[116] 格林 J J.公共部门财务管理 [M]. 杨世伟，译. 北京：经济管理出版社，2002.

[117] 布坎南 J M . 公共财政 [M]. 赵锡军，译. 北京：中国财政经济出版社，1991.

[118] 张维迎. 博弈论与信息经济学 [M]. 上海：上海人民出版社，2004.

[119] 中国行政管理学会课题组. 政府部门绩效评估研究报告 [J]. 中国行政管理，2006（5）：11-16.

[120] 张国清. 政府财务报表要素：GASB征求意见稿述评 [J]. 财会通讯，2007（9）：96-97.

[121] 赵建勇. 政府会计的显著特征——兼谈政府会计教育 [J]. 会计研究，2004（9）：11-15.

[122] 张宪法. 论新公共管理下的政府绩效评估 [J]. 当代财经，2005（1）：40-42.

[123] 张志超. 美国政府绩效预算的理论与实践 [M]. 北京：中国财政经济出版社，2006.

[124] 卓越. 政府绩效管理导论 [M]. 北京：清华大学出版社，2006.

[125] 卓越. 公共部门绩效评估初探 [J]. 中国行政管理，2004（2）：71-76.

[126] 郑文范. 公共事业管理案例 [M]. 北京：高等教育出版社，2004.

[127] 郑猛. 法解地方举债 [J]. 财经，2010（11）：80-81.

[128] 郑猛. “十二五”财税变局 [J]. 财经，2010（24）：114-116.

[129] 凯丽，瑞文巴克. 地方政府绩效预算 [M]. 苟燕楠，译. 上海：上海财经大学出版社，2007.

[130] 审计署审计科研所. 中国审计研究报告（2006）[M]. 北京：中国时代经济版社，2007.

[131] 赵西卜，王建英，王彦，等. 政府会计信息有用性及需求情况调查报告 [J]. 会计研究，2010 (9)：9-16.

[132] 张国生，赵建勇. 政府和非营利组织会计的环境、特征与预算会计改革 [J]. 财经论丛，2005 (1)：86-92.

[133] 张琦. 论绩效评价导向政府会计体系的构建 [J]. 会计研究，2006 (4)：3-8.

[134] 张琦，王森林，李琳娜. 我国政府会计改革重大理论问题研究 [J]. 会计研究，2010 (8)：76-82.

[135] 张娟. 政府会计与企业会计：概念框架差异与启示——基于IPSASB与IASB最新研究成果的分析 [J]. 会计研究，2010 (3)：78-85.

[136] 张琦，张娟. 政府会计改革：问题、对策与建议——政府会计改革研讨会综述 [J]. 会计研究，2009 (10)：83-88.

[137] 朱立言，张强. 美国政府绩效评估的历史演变 [J]. 湘潭大学学报：哲学社会科学版，2005，29 (1)：1-7.

[138] 朱火弟，蒲勇健. 政府绩效评估研究 [J]. 改革，2003 (6)：18-22.

[139] 周亚荣. 基于绩效管理的政府会计报告体系 [N]. 光明日报，2011-04-10 (7).

[140] 周晓苏. 中国会计模式论 [M]. 大连：东北财经大学出版社，2002：137.

[141] BEHN R D. Why Measure Performance? Different Purposes Require Different Measures [J]. Public Administration Review，2003，63 (5)：586-606.

[142] BERNSTEIN D J.Local Government Measurement Use to Focus on Performance and Results [J]. Evaluation and Program Planning，2001，24 (1)：95-101.

[143] BERNSTEIN D J.Local Government Measurement Use to Focus on Performance and Results [J]. Journal of Hunan University of Science & Technology，2013，62：1635-1640.

[144] BOUCKAERT G.The History of the Productivity Movement [J].

Public Productivity and Management Review, 1990, 14 (1): 53-89.

[145] BOYNE G C, GOULD W J.Planning and Performance in Public Organization [J]. Public Management Review, 2003, 5 (1): 115 -132.

[146] BOVNE G C, JENNIFER L . Accountability and Local Authority Annual Report: the Case of Welsh District Councils [J] . Financial Accountability & management, 1991, (3): 179-194.

[147] CARMINE B A.Comparative Analysis of Performance Management Systems [J]. Public Performance & Management Review, 2012, 3: 509-526.

[148] CAVALLUZZO K S, ITTNER C D . Implementing Performance Measurement Innovations, Evidence from Government [J] . Accounting, Organizations and Society, 2004, 29 (3/4): 243-267.

[149] CHAN J L . Government Accounting: An Assessment of Theory, Purposes and Standards [J]. Public Money & Management, 2003, 23 (1): 13-19.

[150] CHAN J L, RUBIN M A.The Role of Information in a Democracy and in Government Operations: the Public Choice Methodology [J] . Research in Government and Nonprofit Accounting, 1987, 3: 3-27.

[151] CHAN J L . Government Accounting Seminar [J]. Tsinghua University, 2001.

[152] CHAN S J, Organizational Goal Ambiguity and Performance: Conceptualization, Measurement, and Relationships [J] . International Public Management Journal, 2011, 14 (2): 193-217.

[153] DERLIEN H U.Patterns of Postwar Administrative Development in Germany [M]. Berlin: Goetz, 1996.

[154] DIAMOND J. Performance Budgeting-Is Accrual Accounting Required? [M]. Washington D.C.: International Monetary Fund, 2002.

[155] EHRBAR A. Using EVA to Measure Performance and Assess Strategy [J]. Strategy & Leadership, 1999, 27 (3): 21-24.

[156] FASAB.Statement of Federal Financial Accounting Concept No.2 of FASAB: entity and display [M], 1995: 380-430.

[157] FREEMAN R J, SHOULDERS C D.Governmental and Nonprofit Accounting-Theory and Practice [M], 4th ed.Prentice Hall, 1993.

[158] FOLTIN C.State and Local Government Performance: It's Time to Measure UP [J]. The Government Accountants Journal, 1999, 48 (1): 40-46.

[159] GAO.GAO-05-739SP Performance Measurement and Evaluation: Definitions and Relationships [EB/OL]. [2005-05-02]. 2005.http: //www.gao.gov/new.items/d05739sp.pdf

[160] GAO. Accrual Budgeting: Experiences of Other Nations and Implications for the United Sates [EB/OL]. [2000-02-18]. http://www.gov/new.items/aimd-00-57.

[161] GAO.Financial Reports of the U.S.Government [EB/OL]. [2014-02-27]. http: //www.gao.gov/financial.html.

[162] GAO.Financial Reports of the U.S.Government [EB/OL]. [2015-02-26]. http: //www.gao.gov/financial.html.

[163] GLYNN J J.Public Sector Financial Control and Accounting [M]. 2nd ed.Oxford: Blackwell, 1993.

[164] GIANAKIS G A. Integrating Performance Measurement and Budgeting [J]. Organizational Performance and Measurement in the Public Sector: Toward service, effort and accomplishment reporting, 1996: 127-143.

[165] HARRINGTON E, The Twelve Principles of Efficiency [M]. Engineering magazine, 1912.

[166] HENDRIKSEN E S.Accounting Theory [M]. Homewood Illinois: Richard Irwin Inc, 1982.

[167] HOOD C. The "New Public Management" in the 1980s [J]. Accounting, Organizations & Society, 1995, 20 (2/3): 93-109.

[168] IFAC, PSE. Study 11: Governmental Financial Report: Accounting Issues and Practices [M]. Hoboken: Wiley, 2000.

[169] INGRAM R W, Copeland R M.Municipal Accounting Information and Voting Behavior [J]. The Accounting Review, 1981, 56 (4): 830-843.

[170] INGRAM R W. Economic Incentives and the Choice of State Government Accounting Practice [J]. Journal of Accounting Research, 1984, 22 (1): 126-144.

[171] INGRANAM P W. Government Performance: Why Management Matters [M]. The Johns Hopkins University Press, 2003.

[172] JAMES L P. Handbook of Public Administration [M]. 2nd ed. Jossey Bassinc Publishers, 1996.

[173] JONES R. Management Accounting in Government: Resurrecting the Classic Rules of Budget Theory [J]. The Irish Accounting Review, 2001, 8 (2): 45-68.

[174] JONES R, LANDE E, LÜDER K, et al. A Comparison of Budgeting and Accounting Reforms in the National Governments of France, Germany, the UK and the US [J]. Financial Accounting &Management, 2012, (11): 419-438.

[175] KEEL J, O'Brien J, MORRISSEY M. Guide to Performance Measure Management [M]. The State of Texas, 2006.

[176] KLIMOVSKY D. Politics and Its Impact on the Reform Processes: The Case of Public Administration Reform in Slovakia (1989-2006) [M]. Prague: Matfyzpress, 2008.

[177] LAPSLEY I. Accounting and the New Public Management: Instruments of Substantive Efficiency or a Rationalizing Modernity? [J]. Finacial Accountability & Management, 1999, 15 (3/4): 201-207.

[178] LYNCH D T, DAY S E. Public Sector Performance Measurement [J]. Public Administration Review, 1996, 19 (4): 404-419.

[179] LÜDER, K G. A Contingency Model of Governmental Accounting Innovations in the Political-administrative Environment [J]. Research in Governmental and Nonprofit Accounting, 1992, 7: 99-127.

[180] MAYSTON D. Financial Reporting in the Public Sector and the Demand for Information [J]. Financial Accountability & Management, 1992, 8 (4): 317-324.

[181] MORRISON A M, SHULLMAN S L, GERLACH M L. Performance Appraisal on the Line [M]. New York: John Wiley & Sons, 1981.

[182] NASI G, STECCOLINI I.Implementation of Accounting Reforms. An Empirical Investigation into Italian Local Governments [J]. Public Management Review, 2008, 10 (2): 175-196.

[183] OECD.Accounting for What? The Value of Accrual Accounting to the Public Sector [M]. Paris: OECD, 1993.

[184] PALMER A J.Performance Measurement in Local Government [J]. Public Money & Management, 1993, 13 (4): 31-36.

[185] PHILLIPS J K.An Application of the Balanced Scorecard to Public Transit System Performance Assessment [J]. Transportation Journal, 2004, 43 (1): 26-55, 30, 3.

[186] PREWITT K.Principles of American Government [M]. Harper & Row Publishers, 1980.

[187] ROBINSON P. Government Accountability and Performance Measurement [J]. Critical Perspectives on Accounting, 2003, 14: 171-186.

[188] SALITERER I, KORAC S. Performance Information Use by Politicians and Public Managers for Internal Control and External Accountability Purposes [J]. Critical Perspectives on Accounting, 2013, 24 (7-8): 502-517.

[189] STEWART J D.The Role of Information in Public Accountability [M]. Oxford: Philip Alla, 1984.

[190] THIEL S V . The Performance Paradox in The Public Sector [J]. Public Performance & Management Review, 2008, 25: 267-281.

[191] STIGLITZ J . Economics of the Public Sector [M], 3rd ed.New York: Norton, 2000.

[192] WILSON T, WILSON D M .Beveridge and the Reform of Social Security-Then and Now [J]. Government & Opposition, 2007, 28 (3): 353-360.

索引